2017

国际海事组织信息年报

IMO REVIEW

大连海事大学　编

大连海事大学出版社
DALIAN MARITIME UNIVERSITY PRESS

图书在版编目(CIP)数据

国际海事组织信息年报. 2017 / 大连海事大学编
. — 大连 : 大连海事大学出版社,2018. 10
　ISBN 978-7-5632-3697-8

　Ⅰ. ①国… 　Ⅱ. ①大… 　Ⅲ. ①国际海事组织—介绍—
2017 　Ⅳ. ①U692. 2

中国版本图书馆 CIP 数据核字(2018)第 217342 号

大连海事大学出版社出版

地址:大连市凌海路1号　　邮编:116026　　电话:0411-84728394　　传真:0411-84727996
http://www.dmupress.com　E-mail:cbs@ dmupress.com
大连住友彩色印刷有限公司印装　　　　　大连海事大学出版社发行

2018 年 10 月第 1 版　　　　　　　　　2018 年 10 月第 1 次印刷
幅面尺寸:184 mm×260 mm　　　　　　　　　　　印张:8.25
字数:170 千　　　　　　　　　　　　　　　印数:1～1500 册
出版人:徐华东

责任编辑:杨玮璐　　　　　　　　　　　　　责任校对:王　琴
封面设计:张爱妮　　　　　　　　　　　　　版式设计:解瑶瑶

ISBN 978-7-5632-3697-8　　定价:24.00 元

序　言

　　海运是所有运输模式中最安全、环保和高效的形式,为世界经济和全球贸易的发展做出了重大的贡献。国际海事组织(IMO)作为联合国负责海上航行安全和防止船舶造成海洋污染的专门机构,在服务国际航运界70年的实践中始终致力于不断提升国际航运业的安全、环保和节能标准,提高运输效率。迄今为止,IMO已制定50多个国际公约和议定书,这些国际性规范正发挥着确保船舶航行安全和保护海洋环境的重要作用。

　　近年来,随着人们安全和环保意识的增强、科学技术的发展、国际反恐的需要,国际海事公约的修改和变化也越来越快、越来越多,许多新公约的制定已提上议程。我国作为IMO的A类理事国,在参与国际规则制定的进程中,应不断提高自身实力,着力提升在国际标准和规则制定中的话语权和影响力,更好地为全球海运治理提供"中国方案"。

　　服务交通强国、海洋强国战略,加快推进世界一流海事大学建设是大连海事大学应承担的使命和责任。为满足国内相关政府主管机关、航运企业和院校同仁了解IMO及其工作,跟踪国际海事公约的修改和变化,把握IMO热点议题等需要,我校组织编写了《国际海事组织信息年报(2017年)》。《年报》梳理了当年IMO大会、理事会、各委员会及分委会的会议概况,剖析了热点议题在IMO的讨论进展,内容全面丰富,对于提高相关业内人员对IMO的认知水平、指明研究工作的开展方向具有较高的参考价值。

　　《国际海事组织信息年报》自2015年开始正式发布,得到了业界的支持与肯定。我们将把年报的发布作为一项常态工作持续下去,既为需要一般性了解IMO会议动态的人员提供全面的概要信息,也为需要深入了解IMO热点议题的人员提供有一定深度的综述和研究报告,以满足读者多层次的需求。希望《国际海事组织信息年报》能够成为大家常置案头的有益参考,吸引更多相关人员关注IMO事务并参与国际海事热点议题的研究工作。通过深入参与交通运输规则的制定,加强交通运输国际组织高层次人才培养和推送等举措,充分发挥在国际海事组织中的作用,将交通运输对外开放推向深入。让我们共同努力为交通运输行业参与全球交通治理、提升我国在国际海事组织的话语权和影响力贡献力量!

大连海事大学校长

2017年12月

前　言

为落实交通运输部国际海事组织事务工作机制有关任务部署,及时向业界通报国际海事组织(IMO)最新信息,为 IMO 事务相关工作人员和海事、航运、船舶工业、海员教育培训等领域政府部门和企事业单位提供持续性、系统性基础信息和研究资料,从 2015 年开始,大连海事大学在交通运输部国际合作司的指导和支持下,编制《国际海事组织信息年报》。

《国际海事组织信息年报(2017)》是大连海事大学发行的第三期年报。本期年报梳理了 IMO 在 2017 年(截至 2017 年 12 月 31 日)开展的重要工作和取得的重大进展。本期年报的结构仍保持了前两期的结构,即仍由四个部分组成:

第一部分为"国际海事公约与规则",提供了 IMO 通过和管理的全部公约、议定书的最新生效状态,介绍了 2017 年 9 月 8 日生效的《2004 年国际船舶压载水和沉积物控制与管理公约》,以及《2009 年香港国际安全与无害环境拆船公约》等尚未生效公约的生效进程,提供了 2017 年生效的强制性文件及修正案的基本信息。

第二部分为"国际海事组织会议",提供了 2017 年 IMO 主要机构会议概况,介绍了 IMO 于 2017 年召开的大会、理事会以及各次委员会和分委会等主要机构会议重要议题审议进展,提供了 2017 年通过的决议和通函列表。

第三部分为"热点议题",针对海上自主水面船舶应用的法律监管范围界定发展、压载水公约履约及相关研究与发展、何建中部长在 IMO 第 30 届大会上讲话,进行了全面、系统和深入的解读,并介绍了我国参与全球海事治理的建设情况。

第四部分为"其他事项",编写了中国积极参与 IMO 事务的概要,梳理了 IMO 大事记和 IMO 第 30 届大会简报。中国第 15 次当选 A 类理事国,并向 2017 年召开的 IMO 相关委员会及分委会提交提案 52 份,其中单独提案 47 份、联合提案 5 份。

2017 版年报在编制过程中得到了交通运输部国际合作司的全面指导,交通运输部海事局、中国驻英使馆海事处、中国船级社和 IMO 秘书处等单位及相关专家对此项工作给予了大力支持和帮助,大连海事大学出版社社长徐华东、责任编辑杨玮璐等为年报的编辑出版倾注了大量心血。在此,对他们的付出表示衷心感谢!

2017 版年报的出版还得到了中央高校科研基金的资助①。大连海事大学校长孙玉清教授在百忙中审阅此书并为其作序。大连海事大学科技处弓永军处长、大连海事大学航海学院院

① 中央高校基本科研业务费专项资金资助(supported by "the Fundamental Research Funds for the Central Universities"),项目编号 3132016364。

1

长章文俊教授、大连海事大学航运发展研究院孙忠华副院长、大连海事大学航海学院安全管理教研室主任范中洲教授等在年报的编写过程中也给予了大力支持,在此对他们的支持和帮助表示衷心感谢。

　　本年报主要由张仁平、鲍君忠、王艳华、韩佳霖、李桢、张爽、费珊珊编写,参加编写的人员还有张晓杰、李冠玉、陈星森、李洮、方颖、谢辉、宋巍、董乐义、王志荣等。

　　由于编者水平有限,《国际海事组织信息年报(2017)》难免存在疏漏和错误,热忱希望各界专家、同人提出宝贵意见和建议,以便我们在后续工作中加以改进。

编写组

2017 年 12 月 31 日

缩略语英汉对照表

英文缩写	中文含义
AFS 2001	2001 年控制船舶有害防污底系统国际公约
AIS	自动识别系统
ASET	可用的安全撤离时间
BIC	国际集装箱管理局
BUNKERS 2001	2001 年国际船舶燃油污染损害民事责任公约
BWM Convention 2004	2004 年国际船舶压载水和沉积物控制与管理公约
BWMS CODE	压载水管理系统认可规则
Cape Town Agreement 2012	实施 1977 年托雷莫利诺斯国际渔船安全公约 1993 年议定书的 2012 年开普敦协定
CBT	清洁压载舱
CCC	货物与集装箱运输分委会
C/ES	理事会特别会议
CEFIC	欧洲化学工业协会
CG	通信工作组
CGPCS	打击索马里海盗联络小组
CIRM	国际海事无线电委员会
CLC 1969	1969 年国际油污损害民事责任公约
CLC PROT 1976	1969 年国际油污损害民事责任公约 1976 年议定书
CLC PROT 1992	1969 年国际油污损害民事责任公约 1992 年议定书
CLIA	国际邮轮协会
CMI	国际海事委员会
CMP	国家海事概况
COLREG 1972	1972 年国际海上避碰规则公约
Cospas Sarsat	国际搜救卫星系统
CSC 1972	1972 年国际集装箱安全公约
CSC AMEND 93	1972 年国际集装箱安全公约 1993 年修正案
DC	数据中心
DDP	数据分发计划

DE	船舶设计与设备分委会
DG	起草组
DSC	数字选呼
ECDIS	电子海图显示与信息系统
EEDI	船舶能效设计指数
EEOI	船舶营运能效指数
EG	专家组
EGC	增强性群呼
EGR	废气再循环
EPIRB	无线电应急示位标
ESD	紧急切断装置
ESP	2011 年国际散货船和油船检验期间加强检验程序规则
ESPH	化学品安全与污染风险评估
FAL	便利运输委员会
FAL 1965	1965 年便利海上运输国际公约
FSA	综合安全评估
FSS	国际消防安全系统规则
FUND PROT 1976	1971 年设立国际油污损害赔偿基金国际公约 1976 年议定书
GADSS ConOps	全球航空遇险和安全系统战略计划
GBS	目标型标准
GEF	全球环境基金
GESAMP-BWWG	联合国海洋环境保护科学问题联合专家组压载水工作组
GISIS	全球综合航运信息系统
GloMEEP	全球海运能效伙伴项目
GMDSS	全球海上遇险与安全系统
GRB	垃圾纪录簿
HNS Convention 1996	1996 年国际海运有毒有害物质损害责任和赔偿公约
HNS PROT 2010	1996 年国际海运有毒有害物质损害责任和赔偿公约 2010 年议定书
HONG KONG Convention	2009 年香港国际安全与无害环境拆船公约
HSC CODE	国际高速船安全规则
HSSC	检验与发证协调系统
HTW	人的因素、培训与值班分委会
IACS	国际船级社协会

IALA	国际航标协会
IAMSAR	国际航空和海上搜寻救助
IAMU	国际海事大学联合会
IAPH	国际港口协会
IBS/INS	综合船桥系统/综合导航系统
IBC	国际散装运输危险化学品船舶构造和设备规则
ICAO	国际民用航空组织
ICHCA	国际货物装卸协调联合会
ICS	国际航运公会
IDE	国际数据交换中心
IDF	信息分发设施
IEC	国际电工委员会
IFSMA	国际船长联盟
IGC	国际散装运输液化气体船舶构造和设备规则
IGF	使用气体或其他低闪点燃料船舶安全国际规则
IHO	国际海道测量组织
III	履行国际海事组织文书分委会
III CODE	国际海事组织文件实施规则
IIMA	国际铁金属协会
ILO	国际劳工组织
IMCA	国际海事承包商联盟
IMDG CODE	国际海运危险货物规则
IMHA	国际海事卫生组织
IMLA	国际海事教师联合会
IMPA	国际引航协会
IMRF	国际海上救助联盟
IMLI	国际海商法学院
IMO	国际海事组织
IMO Convention	国际海事组织公约
IMSAS	国际海事组织成员国审核机制
IMSBC	国际海运固体散装货物规则
IMSO	国际移动卫星组织
IMSO C 1976	1976 年国际移动卫星组织公约
IMSO AMEND 98	国际移动卫星组织公约 1998 年修正案
IMS AMEND 08	国际移动卫星组织公约 2008 年修正案

INS	综合导航系统
INTERFERRY	渡轮行业协会
INTERVENTION 1969	1969 年国际干预公海油污事故公约
INTERVENTION PROT 1973	1973 年干预公海非油类物质污染议定书
IOPC FUNDS	国际油污基金组织
IS Code	2008 年国际完整稳性规则
ISM Code	国际船舶安全营运与防污染管理规则
ISO	国际标准化组织
ISPS CODE	国际船舶与港口设施保安规则
ITCP	综合技术合作项目
ITF	国际运输工人联合会
ITU	国际电信联盟
JWG	联合工作组
LC 1972	1972 年防止倾倒废料及其他物质污染海洋公约(伦敦倾废公约)
LC AMEND 78	1972 年防止倾倒废料及其他物质污染海洋公约 1978 年修正案
LC PROT 1996	1972 年防止倾倒废料及其他物质污染海洋公约 1996 年议定书
LDC	最不发达国家
LEG	法律委员会
LL 1966	1966 年国际载重线公约
LL PROT 1988	1966 年国际载重线公约 1988 年议定书
LLMC 1976	1976 年海事索赔责任限制公约
LNG	液化天然气
LP	伦敦议定书缔约方会议
LRIT	船舶远程识别与跟踪系统
LSA Code	国际救生设备规则
MARPOL 73/78	经 1978 年议定书修订的 1973 年国际防止船舶造成污染公约(MARPOL 73/78)
MARPOL PROT 1997	MARPOL 1997 年议定书
MASS	海上水面自主船舶
MDLT	季节最低的日平均低温
MEPC	海上环境保护委员会
MFAC	医疗急救指南

MHB	仅在散装时有危险的物质
MLC	2006 年海事劳工公约
MODU	海上移动式钻井装置
MODU CODE	2009 年海上移动式钻井平台构造和设备规则
MRCC	海上搜救协调中心
MSC	海上安全委员会
MTCC	海事技术合作中心
MSW	海事单一窗口
NAIROBI WRC 2007	2007 年内罗毕国际残骸清除公约
NAVDAT	新型海上数字通信系统
NAVTEX	航行警告系统
NBDP	窄带直印电报
NCSR	航行、通信与搜救分委会
NMTPs	国家海上运输政策
NO_x	氮氧化物
NUCLEAR 1971	1971 年海上运输核材料民事责任公约
OPRC 1990	1990 年国际油污防备、反应和合作公约
OPRC/HNS 2000	2000 年有毒有害物质污染事故防备、反应与合作议定书
OSV	近海供应船散装运输和处理限量有毒液体物质规则
PAL 1974	1974 年海上旅客及其行李运输雅典公约
PAL PROT 1976	1974 年海上旅客及其行李运输雅典公约 1976 年议定书
PNT	船舶终端位置、导航、授时
PPR	防止污染与反应分委会
PSC	港口国监督
PSCO	港口国检查官
PSSA	特别敏感海域
PST	极地服务温度
PWOM	极地操作手册
RO Code	被认可组织规则
SALVAGE 1989	1989 年国际救助公约
SAR 1979	1979 年国际海上搜寻救助公约
SCR	选择性催化还原
SDC	船舶设计与建造分委会
SDGs	可持续发展目标
SEEMP	船舶能效管理计划

SFV PROT 1993	1977 年托雷莫利诺斯渔船安全国际公约 1993 年议定书
SIDS	小岛屿发展中国家
SLA	安全水平法
SOLAS 1974	1974 年国际海上人命安全公约
SOLAS PROT 1978	1974 年国际海上人命安全公约 1978 年议定书
SOLAS PROT 1988	1974 年国际海上人命安全公约 1988 年议定书
SPACE STP 1973	1973 年特种业务客船舱室要求议定书
SPC	太平洋共合体秘书处
SPREP	太平洋区域环境计划署
SPS CODE	特种用途船舶安全规则
SRI	海员权益国际组织
SSE	船舶系统与设备分委会
STCW 1978	1978 年海员培训、发证与值班标准国际公约
STCW-F 1995	1995 年渔船船员培训、发证与值班标准国际公约
Stockholm Agreement 1996	1996 年斯德哥尔摩协定
STP 1971	1971 年特种业务客船协定
SUA 1988	1988 年制止危及海上航行安全非法行为公约
SUA 2005	1988 年制止危及大陆架海上航行安全非法行为公约 2005 年议定书
SUA PROT 1988	1988 年制止危及大陆架固定平台安全非法行为议定书
SUA PROT 2005	1988 年制止危及大陆架固定平台安全非法行为公约 2005 年议定书
TCC	技术合作委员会
TML	适运水分极限
TONNAGE 1969	1969 年国际船舶吨位丈量公约
UNCLOS	1982 年联合国海洋法公约
UNDP	联合国开发计划署
UNFCCC	联合国气候变化框架公约
UNSCETDG	联合国危险货物运输专家小组委员会
VHF EPIRB	甚高频无线电紧急示位标
VIMSAS	国际海事组织成员国自愿审核机制
WCO	世界海关组织
WG	工作组
WMO	世界气象组织
WMU	世界海事大学

WNTI	世界核运输研究所
WWNWS	全球航行警告服务
WWRNS	全球无线电导航系统

目　录

第一部分

国际海事公约与规则

国际海事公约生效状况

国际海事公约和议定书生效情况一览表

（截至 2017 年 12 月 31 日）

名称	缩写	生效时间	缔约国	吨位（%）	对我国生效
国际海事组织公约	IMO Convention	1958-3-17	172	97.31	1973-3-1
1974 年国际海上人命安全公约	SOLAS 1974	1980-5-25	163	99.17	1980-5-25
1974 年国际海上人命安全公约 1978 年议定书	SOLAS PROT 1978	1981-5-1	120	97.56	1983-3-17
1974 年国际海上人命安全公约 1988 年议定书	SOLAS PROT 1988	2000-2-3	113	97.18	2000-2-3
1966 年国际载重线公约	LL 1966	1968-7-21	161	99.16	1974-1-5
1966 年国际载重线公约 1988 年议定书	LL PROT 1988	2000-2-3	104	97.07	2000-2-3
1969 年国际船舶吨位丈量公约	TONNAGE 1969	1982-7-18	153	99.07	1982-7-18
1972 年国际海上避碰公约	COLREG 1972	1977-7-15	156	99.16	1980-1-7
1972 年国际集装箱安全公约	CSC 1972	1977-9-6	83	64.68	1981-9-23
1972 年国际集装箱安全公约 1993 年修正案	CSC AMEND 93	不预期生效	11	11.80	—
1977 年托雷莫利诺斯渔船安全国际公约 1993 年议定书	SFV PROT 1993	不预期生效	17	17.65	—
实施 1977 年托雷莫利诺斯国际渔船安全公约 1993 年议定书的 2012 年开普敦协定	Cape Town Agreement 2012	尚未生效	8	4.09	—
1978 年海员培训、发证与值班标准国际公约	STCW 1978	1984-4-28	162	99.18	1984-4-28
1995 年渔船船员培训、发证与值班标准国际公约	STCW-F 1995	2012-9-29	21	5.14	—
1979 年国际海上搜寻救助公约	SAR 1979	1985-6-22	111	80.79	1985-7-24
1971 年特种业务客船协定	STP 1971	1974-1-2	18	23.55	仅适用香港特别行政区
1973 年特种业务客船舱室要求议定书	SPACE STP 1973	1977-6-2	17	22.18	仅适用香港特别行政区
国际移动卫星组织公约	IMSO C 1976	1979-7-16	103	96.04	1979-7-16
国际移动卫星组织公约 1998 年修正案	IMSO AMEND-98	2001-7-31	64	82.56	2001-7-31
国际移动卫星组织公约 2008 年修正案	IMSO AMEND-08	尚未生效	21	3.76	—
1965 年便利海上运输国际公约	FAL 1965	1967-3-5	118	93.78	1995-3-17

（续表）

名称	缩写	生效时间	缔约国	吨位（%）	对我国生效
1973 年国际防止船舶污染公约 1978 年议定书（附则 I——防止油类污染规则；附则 II——控制散装有毒液体物质污染规则）	MARPOL 73/78（Annex I / II）	1983-10-2	155	99.14	附则 I：1983/10/2 附则 II：1987/4/6
1973 年国际防止船舶污染公约 1978 年议定书（附则 III——防止海运包装有害物质污染规则）	MARPOL 73/78（Annex III）	1992-7-1	147	98.55	1994-12-13
1973 年国际防止船舶污染公约 1978 年议定书（附则 IV——防止船舶生活污水污染规则）	MARPOL 73/78（Annex IV）	2003-9-27	140	91.44	2007-2-2
1973 年国际防止船舶污染公约 1978 年议定书（附则 V——防止船舶垃圾污染规则）	MARPOL 73/78（Annex V）	1988-12-31	152	98.72	1989-2-21
1973 年国际防止船舶污染公约 1997 年议定书（附则 VI——防止船舶造成空气污染规则）	MARPOL PROT 1997（Annex VI）	2005-5-19	88	96.13	2006-8-23
1972 年防止倾倒废料及其他物质污染海洋公约(伦敦倾废公约)	LC 1972	1975-8-30	87	60.44	1985-12-14
1972 年防止倾倒废料及其他物质污染海洋公约 1978 年修正案	LC AMEND-78	尚未生效	20	13.75	—
1972 年防止倾倒废料及其他物质污染海洋公约 1996 年议定书	LC PROT 1996	2006-3-24	48	38.87	2006-10-29
1969 年国际干预公海油污事故公约	INTERVENTION 1969	1975-5-6	89	75.09	1990-5-24
1973 年干预公海非油类物质污染议定书	INTERVENTION PROT 1973	1983-3-30	57	53.5	1990-5-24
1969 年国际油污损害民事责任公约	CLC 1969	1975-6-19	34	2.41	1980-4-29 退出
1969 年国际油污损害民事责任公约 1976 年议定书	CLC PROT 1976	1981-4-8	53	61.19	1986-12-28 退出
1969 年国际油污损害民事责任公约 1992 年议定书	CLC PROT 1992	1996-5-30	136	97.43	2001-1-5
1971 年设立国际油污损害赔偿基金国际公约 1976 年议定书	FUND PROT 1976	1994-11-22	31	52.19	仅适用香港地区（已退出）
1971 年设立国际油污损害赔偿基金国际公约 1992 年议定书	FUND PROT 1992	1996-5-30	115	95.09	仅适用香港特别行政区
1971 年设立国际油污损害赔偿基金国际公约 2000 年议定书	FUND PROT 2000	2001-6-27	默认接受	—	仅适用香港特别行政区
1992 年设立国际油污损害赔偿基金国际公约 2003 年议定书	FUND PROT 2003	2005-3-3	31	17.39	—
1971 年海上运输核材料民事责任公约	NUCLEAR 1971	1975-7-15	17	17.93	—
1974 年海上旅客及其行李运输雅典公约	PAL 1974	1987-4-28	25	32.19	1994-8-30
1974 年海上旅客及其行李运输雅典公约 1976 年议定书	PAL PROT 1976	1989-4-30	17	31.91	1994-8-30
1974 年海上旅客及其行李运输雅典公约 1990 年议定书	PAL PROT 1990	不预期生效	3	0.24	—
1974 年海上旅客及其行李运输雅典公约 2002 年议定书	PAL PROT 2002	2014-4-23	28	44.41	—

（续表）

名称	缩写	生效时间	缔约国	吨位（%）	对我国生效
1976 年海事索赔责任限制公约	LLMC 1976	1986-12-1	53	55.81	仅适用香港特别行政区
1976 年海事索赔责任限制公约 1996 年议定书	LLMC PROT 1996	2004-5-13	54	59.88	—
1988 年制止危及海上航行安全非法行为公约	SUA 1988	1992-3-1	166	95.16	1992-3-1（不受 16.1 条约束）
1988 年制止危及大陆架固定平台安全非法行为议定书	SUA PROT 1988	1992-3-1	156	94.80	1992-3-1
2005 年制止危及大陆架海上航行安全非法行为公约议定书	SUA 2005	2010-7-28	41	39.06	—
2005 年制止危及大陆架固定平台安全非法行为公约议定书	SUA PROT 2005	2010-7-28	35	38.17	—
1989 年国际救助公约	SALVAGE 1989	1996-7-14	70	52.41	1996-7-14
1990 年国际油污防备、反应和合作公约	OPRC 1990	1995-5-13	112	75.33	1998-6-30
1996 年国际海运有毒有害物质损害责任和赔偿公约	HNS Convention 1996	不预期生效	14	13.83	—
国际海运有毒有害物质损害责任和赔偿公约 2010 年议定书	HNS PROT 2010	尚未生效	1	1.39	—
2000 年有毒有害物质污染事故防备、反应与合作议定书	OPRC/HNS 2000	2007-6-14	39	50.55	2010-2-19
2001 年国际船舶燃油污染损害民事责任公约	BUNKERS 2001	2008-11-21	86	92.55	2009-3-9（适用澳门地区，不适用香港）
2001 年控制船舶有害防污底系统国际公约	AFS 2001	2008-9-17	76	93.70	2011-6-7
2004 年国际船舶压载水和沉积物控制与管理公约	BWM Convention 2004	2017-9-8	67	74.91	—
2007 年内罗毕国际残骸清除公约	NAIROBI WRC 2007	2015-4-14	39	72.43	2017-2-11 公约第 15 条第 2、3 项规定不适用于中国
2009 年香港国际安全与无害环境拆船公约	HONG KONG Convention	尚未生效	6	21.23	—

2017 年尚未生效公约进展情况

一、2009 年香港国际安全与无害环境拆船公约

船舶在完成营运任务之后将被送到拆船厂拆解，结束其整个生命周期。在出售给拆船厂的旧船中，有很多对人体和环境有害的物质，如石棉、各种重金属、碳氢化合物、臭氧消耗物质等，因此世界主要拆船国家的工作环境和对环境的破坏也受到广泛关注。公约旨在解决船舶在拆解过程中可能造成的不可接受的健康、安全和环境危害。2009 年 5 月 11 日—15 日，IMO 在中国香港召开外交大会，通过了《2009 年香港国际安全与无害环境拆船公约》，简称《香港公约》（HONG KONG Convention）。公约包括 21 条正文条款和 1 个技术性附则，涵盖了与安全和高效拆解船舶有关的从船舶设计、建造到维护操作的要求，建立了拆船过程的安全、环保和健康准则。公约通过后，IMO 又通过了 6 个实施公约的导则，以帮助公约在全球的统一实施。截至 2017 年 12 月底，共有 5 个国家加入该公约。

年份	加入国家
2013（1）	挪威
2014（2）	刚果、法国
2015（0）	
2016（2）	比利时、巴拿马
2017（0）	

二、实施 1977 年托雷莫利诺斯渔船安全国际公约 1993 年议定书的 2012 年开普敦协定

1977 年在西班牙托雷莫利诺斯通过的《1977 年托雷莫利诺斯渔船安全国际公约》是第一部关于渔船安全的国际公约。20 世纪 80 年代，由于技术的原因这一公约一直无法生效。1993 年，IMO 又制定了公约的 1993 年议定书。该议定书在充分考虑了十几年间渔船技术的发展之后，对原公约的条款进行了更新和修正，并制定了一些鼓励批约的措施。公约条款和技术规则涉及渔船结构和设备、消防和救生、人员防护和通信要求等。但是，1993 年议定书仍迟迟未能生效。进入 21 世纪后，IMO 开始制定新的措施促进公约生效。2012 年，《实施 1977 年托雷莫利诺斯渔船安全国际公约 1993 年议定书的 2012 年开普敦协定》（Cape Town Agreement 2012）在南非的开普敦通过。该协定更新并修正了 1993 年议定书，增加了免除条款，全面修订了检验和发证条款，更新了渔船设备等技术方面的要求。《1977 年托雷莫利诺斯渔船安全国际公约》《1977 年托雷莫利诺斯渔船安全国际公约 1993 年议定书》《实施 1977 年托雷莫利诺

斯渔船安全国际公约1993年议定书的2012年开普敦协定》都是独立的法律文件,均可单独加入。截至2017年12月底,共有8个国家加入该协定。

年份	加入国家
2013(2)	冰岛、挪威
2014(1)	荷兰
2015(2)	刚果、丹麦
2016(2)	德国、南非
2017(1)	圣基茨和尼维斯

三、1996年国际海运有毒有害物质损害责任和赔偿公约2010年议定书

早在1984年IMO就考虑制定一个新的法律文件,解决有毒有害物质污染事故的责任赔偿问题,但是由于其工作的复杂性,一直没有得到解决。法律委员会(LEG)在之后的多年中开展了大量的工作,终于在1996年通过了《1996年国际海运有毒有害物质损害责任和赔偿公约》(HNS PROT 2010)。在此之后,LEG一直在收集与该公约实施有关的信息、了解各国遇到的困难,并致力于解决这些问题。由于该公约一直未能生效,在对公约进行全面审议后,IMO于2010年通过了公约的2010年议定书,旨在解决公约批约和实施中存在的障碍。根据2010年议定书的规定,有毒有害物质的定义参考各项IMO公约和规则确定的物质一览表。公约将损害定义为除船舶以外的包括人身伤亡和财产损失在内的损失、对环境造成的损害,以及由其采取的预防措施的成本和造成的进一步损失。2010年议定书的生效条件为:(1)至少12个国家,包括4个拥有不少于200万全球商船吨数的国家表示愿意接受约的约束;(2)秘书长收到由这些国家中的相关责任人员基于经议定书修正的公约第18条第1(a)款和第1(c)款提供的根据第20条第4款和第6款规定的信息,并自收到信息的前一公历年不少于4 000万吨货物总量纳入公摊账户之中。公约将在满足以上条件后的18个月后生效。2017年4月,挪威成为该议定书的第一个缔约国。截至2017年12月底,只有1个国家批准该议定书。

2018 年生效的强制性文件及修正案[①]

文件号	主要内容
MSC. 405（96） 通过时间：2016 年 5 月 19 日 生效时间：2018 年 1 月 1 日	《2011 年国际散货船和油船检验期间加强检验程序规则》修正案——引用了《进入封闭处所建议案》 修正案更新/完善了 ESP 规则，并要求进入封闭处所进行检验时应遵守新决议 A.1050（27）的要求。 适用范围：适用于散货船和油船
MSC. 405（96） 通过时间：2016 年 5 月 19 日 生效时间：2018 年 1 月 1 日	《国际海运危险货物规则》修正案 38 - 16 修正案 38 - 16 包括： ——为配备锂电池的车辆、发动机和机械设备的海上运输提供新的特别规定； ——修改集装箱危险告示要求，以确保在三个月的海上航行期间经久耐用； ——定义不可运输的气体、易燃液体、有毒物质和腐蚀剂； ——制定将烟火归类为危险物的新标准和文件要求。 适用范围：适用于 IMDG CODE 所包含的载运包装危险品和海洋污染物的所有船舶。本修正案自 2017 年 1 月 1 日起自愿适用，并于 2018 年 1 月 1 日起生效
FAL. 12（40） 通过时间：2016 年 4 月 8 日 生效时间：2018 年 1 月 1 日	《1965 年便利海上运输国际公约》修正案——危险货物舱单 FAL 第 40 届会议通过了危险货物舱单、标准 2.8.1 和 FAL 公约相关表格 7 的修正案，以使得本公约符合 IMDG CODE 货运单证的要求。另外，有关提供船长个人信息的要求目前已经删除，因为 IMDG CODE 以及 SOLAS 公约并未提出该要求。 适用范围：适用于 IMDG CODE 所包含的、准备载运包装危险品和海洋污染物的所有船舶

---

① 参考：劳氏船级社. IMO 和 ILO 未来立法［R］. 2017 年 10 月.

（续表）

文件号	主要内容
MEPC.276(70) 通过时间:2016 年 10 月 28 日 生效时间:2018 年 3 月 1 日	MARPOL 公约附则 I 修正案——对国际防止油污证书补充表格 B 的修订 对 MARPOL 公约附则 I 附件中的国际防止油污证书补充表格 B(条款 5.1,5.2,5.3 和 5.5)的修正案简化现行的相关条目。 适用范围:适用于 150 总吨及以上的所有油轮,自修正案生效后的第一次更换证书(如年度检验)时更换
MEPC.277(70) 通过时间:2016 年 10 月 28 日 生效时间:2018 年 3 月 1 日	MARPOL 公约附则 V(规则 10.3 及附录)修正案——记录垃圾排放 MARPOL 公约附则 V 的修正案包括以下内容: ——对术语"排放或焚烧估算量"进行澄清,在垃圾记录簿(GRB)中记载无论是排入海中还是排到接收设施的垃圾; ——制定一种新垃圾分类,即电子垃圾①(如工具、计算机、打印机墨盒等); ——将垃圾记录簿分为两部分(第一部分用于与垃圾有关、与货物残留物无关的所有操作,第二部分用于与货物残留有关的所有操作); ——根据第 V/7 条的规定,垃圾记录簿有额外空间记录因异常情况排放或垃圾遗失。 适用范围:适用于需要配有垃圾记录簿的船舶(400 总吨及以上的船舶,经发证可载运 15 人或以上从事国际航行的船舶,以及固定式或浮动平台)。
MEPC.277(70) 通过时间:2016 年 10 月 28 日 生效时间:2018 年 3 月 1 日	MARPOL 公约附则 V 修正案 —— 危害海洋环境物质 MARPOL 公约附则 V 修正案包括以下内容: ——托运人按照新附录中规定的标准将固体散装货物分类为危害海洋环境的物质(HME 或非 HME)(规则 4 和规则 6); ——要求托运人将此类货物申报为危害海洋环境的物质(HME)(规则 4 和规则 6); ——增加一个新附录(即附录 I;现有附录《垃圾记录簿格式》重新编号为附录 II),列出了将固体散货分类为危害海洋环境物质的标准。这些标准援引自 2012 年 MARPOL 公约附则 V 的实施导则第 3.2 段; ——对垃圾记录簿进行修正,以创建一个报告固体散装货物残余物处理情况的新部分(第二部分)。 适用范围:适用于所有载运固体散装货物的从事国内和国际航行的船舶,但不包括载运谷物的船舶。

---

① 有关电子垃圾的定义,请参阅 2017 年 MARPOL 公约附则 V 的实施导则[MEPC 第 295(71)号决议]。

（续表）

文件号	主要内容
MEPC.278(70) 通过时间:2016 年 10 月 28 日 生效时间:2018 年 3 月 1 日	MARPOL 公约附则Ⅵ第 4 章修正案——船舶燃油消耗的数据收集系统 MEPC 第 70 届会议通过了 MARPOL 公约附则Ⅵ修正案,要求船舶向其船旗国主管机关收集并报告其燃油消耗的年度数据。 《船舶能效管理计划》(SEEMP)将在第二部分纳入船舶燃油消耗数据收集和报告具体方法与流程的计划。经 SEEMP 第二部分审核后,船旗国主管机关将予以符合确认。船东和船舶管理人应在每个日历年结束时提交报告。船旗国主管机关或由该船旗国指定的认可组织(RO)核实并报告数据,根据附则Ⅵ向船舶签发《符合声明》,并将数据转至 IMO 船舶燃料油消耗数据库匿名保存。 适用范围:适用于所有新建及现有的 5 000 总吨及以上的国际航行船舶。该要求于 2018 年 3 月 1 日生效,第一个报告周期为 2019 年日历年。
MSC. 416 (97) 和 MSC. 417 (97) 通过时间:2016 年 11 月 25 日 生效时间:2018 年 7 月 1 日	STCW 公约和 STCW 规则修正案——更新客船人员的特殊培训要求 修正案为客船船员培训和应急熟悉培训制定了新的要求,并要求所有人员在分配船上职责之前都需接受相关熟悉培训。此外,修正案还制定了客船拥挤人群管理培训最低适任标准。 经上述修改后,客船人员培训要求如下: ——客船应急熟悉(新要求,针对所有人员); ——为乘客提供直接服务的人员安全培训(针对相关人员); ——客船拥挤人群管理(针对船长、驾驶员和相关人员); ——危机管理和人类行为(针对船长、驾驶员和相关人员); ——旅客安全、货物安全和船体完整性培训(针对船长、驾驶员和相关人员)。 2010 年 STCW 公约马尼拉修正案于 2017 年 1 月 1 日生效,要求开设的危机管理和人的行为以及旅客安全、货物安全和船体完整性培训课程须经认可。 适用范围:适用于从事国际航行客船的海员和其他人员。船旗国主管机关应确定这些要求适用于从事国内运输客船的人员

（续表）

文件号	主要内容
MSC. 416（97）和 MSC. 417（97） 通过时间:2016 年 11 月 25 日 生效时间:2018 年 7 月 1 日	STCW 公约和 STCW 规则修正案——对极地水域航行船舶船员的特殊培训要求 修正案包括: STCW 公约: ——第 Ⅰ 章——总则; ——第 Ⅴ 章——特定类型船舶人员的特殊培训要求。 STCW 规则: ——第 Ⅰ 章——总则; ——第 Ⅴ 章——特定类型船舶人员的特殊培训标准; ——表 A-Ⅴ/4－1——极地水域航行船舶的基本培训的最低适任标准; ——表 A-Ⅴ/4－2——极地水域航行船舶的高级培训的最低适任标准。 STCW. 6/Circ. 12——对 STCW 规则 B 部分的修正: ——表 B-Ⅰ/2——STCW 公约要求的证书或书面证据的清单。 适用范围:适用于《极地规则》的船舶上任职海员的培训和发证
MSC. 412（97） 通过时间:2016 年 11 月 25 日 生效时间:2018 年 7 月 1 日	《2011 年国际散货船和油船检验期间加强检验程序规则》修正案 修正案包括以下内容: ——需要近视检验的"厚度测量"区域的要求应插入到与"特殊检验的厚度测量最低要求……"相关的表格中; ——排出箱式舱口盖的内部检查——因验船师无法进入内部结构,并认为内部不会被腐蚀; ——明确了当由船员进行液舱试验时,试验程序应包含的最少事项。 适用范围:适用于散货船和油船
MSC. 338（91） 通过时间:2012 年 11 月 30 日 生效时间:2018 年 7 月 1 日	SOLAS 公约第Ⅱ-2/10.4 条 ——消防队的通信设备 现有船须在 2018 年 7 月 1 日后的首次安全设备检验前满足本条要求
MSC. 282（86） 通过时间:2009 年 10 月 5 日 生效时间:2018 年 7 月 1 日	SOLAS 公约第Ⅴ章第 19 条——电子海图系统的装载要求 客船或邮轮（10 000 GT 及以上但低于 20 000 GT）以外的船舶须满足本条要求的改装要求

第二部分

国际海事组织会议

2017 年 IMO 会议安排①

会议名称	会号	日期
国际海事组织委员会、分委会会议		
防止污染与反应分委会（PPR）	4	1 月 16 日—20 日
人的因素、培训与值班分委会（HTW）	4	1 月 30 日—2 月 3 日
船舶设计与建造分委会（SDC）	4	2 月 13 日—17 日
航行、通信与搜救分委会（NCSR）	4	3 月 6 日—10 日
船舶系统与设备分委会（SSE）	4	3 月 20 日—24 日
便利运输委员会（FAL）	41	4 月 4 日—7 日
法律委员会（LEG）	104	4 月 26 日—28 日
国际油污基金组织（IOPC FUNDS）	—	4 月 24 日—28 日；10 月 23 日—27 日
海上安全委员会（MSC）	98	6 月 7 日—16 日
海上环境保护委员会（MEPC）	71	7 月 3 日—7 日
技术合作委员会（TCC）	67	7 月 17 日—19 日
理事会（Council）	118	7 月 24 日—28 日
货物与集装箱运输分委会（CCC）	4	9 月 11 日—15 日
履行国际海事组织文书分委会（III）	4	9 月 25 日—29 日
1972 年伦敦公约缔约方咨询会议（LC）	39	10 月 9 日—13 日
1996 年伦敦议定书缔约方会议（LP）	12	
理事会特别会议（C/ES）	29	11 月 20 日—24 日
大会（A）	30	11 月 27 日—12 月 6 日
理事会（Council）	119	12 月 7 日
会间会议		
技术合作会间会	—	3 月 27 日—31 日
IMDG 规则编辑和技术工作组（E&T）	27	2 月 22 日—26 日
船舶温室气体减排会间工作组	1	6 月 26 日—30 日
IMO/ITU 海上通信联合专家组	13	7 月 10 日—14 日
IMDG 规则编辑和技术工作组（E&T）	28	9 月 18 日—22 日

---

① IMO. (2017). PROG/125 – PROGRAMME OF MEETINGS FOR 2017. IMO：London.

（续表）

会议名称	会号	日期
ICAO/IMO 搜救联合工作组	24	10 月 2 日—6 日
PPR 下化学品安全和污染评估工作组（ESPH）	23	10 月 16 日—20 日
船舶温室气体减排会间工作组	2	10 月 23 日—27 日
1972 年伦敦公约和 1996 年伦敦议定书框架内的会间会议		
伦敦公约科学组（LC）	40	3 月 27 日—31 日
伦敦议定书科学组（LP）	11	
伦敦议定书遵约组会议（LP）	10	10 月 5 日—6 日
其他会议		
IMSO 顾问委员会会议	39	6 月 5 日—6 日
IMSO 顾问委员会会议	40	10 月 2 日—3 日
IMO 介绍研讨会	—	9 月 21 日—22 日

2017 年会议情况介绍

货物与集装箱运输分委会第 4 次会议及
其编辑和技术工作组第 28 次会议

时间：2017 年 9 月 11 日—15 日　　　　**主席**：谢辉（中国）

会议期间展开工作的各类小组：IGF 规则工作组；用于低温环境的高锰奥氏体钢工作组；固体散装货物工作组

主要议题审议进展：

货物与集装箱运输分委会（CCC）第 4 次会议于 2017 年 9 月在英国伦敦 IMO 总部召开，会议由分委会主席谢辉（中国）主持。共有 76 个成员国、1 个联系会员（中国香港）、1 个政府间组织和 32 个非政府组织派代表参加了会议，IMO 秘书长出席并致辞。CCC 分委会编辑和技术工作组（E&T）第 28 次会议随后一周召开。CCC 第 4 次会议的主要议题包括：《使用气体或其他低闪点燃料船舶安全国际规则》（IGF 规则）有关进展、用于低温环境的高锰奥氏体钢适用性、《国际海运固体散装货物规则》（IMSBC 规则）和《国际海运危险货物规则》（IMDG CODE，IMDG 规则）相关修正案等内容。现将 CCC 第 4 次分委会和 E&T 第 28 次会议的主要情况报告如下：

一、IGF 规则修正案及制定低闪点燃料导则进展

1. 有关 IGF 规则 Part A-1（天然气燃料船舶）的修正案情况

分委会同意修改概率法中分项系数 fv 的描述、LNG 燃料舱较高液位的许用条件、机器处所外燃料分配管路的防护、气体发动机排气系统防爆阀设置条件等建议内容，并形成了对 IGF 规则 Part A-1 部分的修正案草案，拟提交 MSC 第 99 届会议批准。分委会采纳了中国提案中关于修改概率法中分项系数 fv 的描述、编辑性修改建议等两项修改建议。

2. 有关燃料电池的进展

工作组根据分委会决定，重点审议了燃料电池技术要求中的定义、风险评估、系统布置、燃料电池处所概念等问题，但由于燃料电池技术新颖，在商船上应用较少，工作组未能就诸多技术要求达成一致意见，进而形成燃料电池技术要求的定稿。

3. 有关甲醇/乙醇燃料的进展

分委会对德国提交的对甲醇/乙醇燃料船舶技术要求草案中有关"限界面"的提案进行了讨论，但由于时间关系，工作组未能对甲醇/乙醇燃料船舶技术要求草案和相关提案进行进一步讨论。分委会注意到有关代表团对甲醇用作船舶燃料可能产生的毒性提出疑问，并根据瑞典的意见，要求在下一次分委会上完成对甲醇/乙醇燃料船舶技术要求的定稿。

4.有关低闪点燃油的进展

分委会重申低闪点燃油问题只能在 IGF 规则框架下考虑，而不是对 SOLAS 公约中燃油闪点的要求进行修订。此外，必须对低闪点燃油涉及安全的各个方面进行进一步风险评估。由于时间限制，工作组未对低闪点燃油问题进行讨论。

CCC 第 4 次会议决定继续建立制定低闪点燃料船舶安全导则通信组，同时在 CCC 第 5 次会议上完成对燃料电池和甲醇/乙醇燃料船舶技术要求的定稿，并鼓励相关方提交甲醇毒性和低闪点燃料风险评估的有关报告。

二、IMSBC 规则和补充本的修正

（一）编辑和技术工作组会议报告

1.会议审议了秘书处提交的 E&T 第 26 次会议报告（CCC 4/5），注意到该次会议完成的 IMSBC 规则第 04-17 修正案和相关通函草案，已由 MSC 第 98 届会议审议通过［第 MSC.426(98)号决议和第 MSC.1/Circ.1395/Rev.3 号通函］。

2.会议审议了 E&T 第 26 次会议制定的"棕榈仁壳""直接还原铁（D）"明细表（草案）和国际铁金属协会（IIMA）提交的关于"直接还原铁（D）"明细表制定过程的信息文件（CCC 4/INF.9），提请有关成员国和国际组织向 E&T 第 29 次会议提交建议，并完成这两个明细表的起草工作。

3.会议审议了 E&T 第 26 次会议对"硝酸铵基化肥（无危险的）"明细表修正问题的讨论，以及欧洲化学工业协会（CEFIC）向本次会议提交的有关提案（CCC 4/5/9、CCC 4/INF.13 和 CCC 4/INF.14）。经激烈讨论，会议未就此问题达成一致意见，认为有必要将该条目分解为 B 组和 C 组两个条目，但现在修改该明细表的条件还不成熟。作为临时措施，会议指示会间工作组起草一份通函草案，以提醒船员注意该货物的危险特性并采取适当措施，并提请有关成员国和国际组织向 E&T 第 29 次会议提交建议。

4.会议审议了 E&T 第 26 次会议关于 IMSBC 规则"特性"表格修订草案，以及中国提交的相关评论（CCC 4/5/4）。关于谨慎对待"仅在散装时具有化学危险的"（MHB）定义的修改，E&T 主席国荷兰和原提案国加拿大先后表示不考虑对 MHB 定义进行修改。会议重申 MHB 物质的识别代码仅适用于新的明细表，对现有明细表在修改"特性"表格时不做考虑。就"特性"表格修改中涉及的法律问题的建议，会议要求 E&T 第 29 次会议在修改规则时应予以考虑。

（二）铝土矿和种子饼问题通信组报告

会议审议了铝土矿和种子饼问题通信组协调国日本向本次会议提交的通信组报告（CCC 4/5/1、CCC 4/5/1/Add.1），以及澳大利亚、巴西和马来西亚联合提交的对通信组的评论提案（CCC 4/5/8）、全球铝土矿工作组的研究报告（CCC 4/INF.10），决定成立会间工作组完成相关工作。

会间工作组经过讨论完成了"种子饼和含油植物加工残余物"MHB(SH)和C组两个明细表草案;涉及种子饼适用条目判定程序的规则修正案草案;新增"铝土矿"(A组)明细表和修正"铝土矿"(C组)明细表草案;适用于铝土矿的葡氏/樊氏检测法草案和涉及铝土矿运输的第CCC.1/Circ.2号通函修正案草案。会议批准了会间工作组的报告,并指示E&T第29次会议将报告的内容纳入IMSBC规则第05-19修正案中。

(三)IMSBC规则第05-19修正案建议

1. 修正现有固体散装货物明细表

(1)会议审议了澳大利亚提交的关于自热煤和澳大利亚自热煤研究项目进展情况的提案(CCC 4/5/3)、澳大利亚、加拿大和IIMA联合提交的关于腐蚀性试验方法的提案(CCC 4/5/11),以及联合国提交的关于遇湿放出易燃气体试验方面的提案(CCC 4/5/6)。会议提请有关成员和国际组织与各提案方合作并向后续会议提交建议。

(2)会议审议了英国提交的关于固体散装货物三方协定问题的提案(CCC 4/5/7),经讨论认为有必要修改规则以此为固体散装货物三方协定提供指南,并提请有关成员和国际组织与各提案方合作并向后续会议提交建议。关于建立三方协定在线平台,秘书处海上安全司表示全球综合航运信息系统(GISIS)已设立了相关栏目,部分成员国代表就是否会增加行政成本表示关注。

(3)会议审议并批准了菲律宾提交的关于IMSBC规则编辑性修改的提案(CCC 4/5/10),指示E&T第29次会议将这些建议纳入IMSBC规则第05-19修正案中。

2. 新增固体散装货物明细表建议

会议审议并批准了澳大利亚提交的新增"硫化金属精矿"(自热的、UN 3190)明细表的提案(CCC 4/5/2、CCC 4/INF.5和CCC 4/INF.6)和中国提交的新增"水镁石"明细表的提案(CCC 4/5/5和CCC 4/INF.8),指示E&T第29次会议将这些建议纳入IMSBC规则第05-19修正案中。

会议指示将于2019年春季召开E&T第29次会议,会议将按照本次会议所做出的决定起草IMSBC规则第05-19修正案,并报CCC第5次会议审议。

三、用于低温环境的高锰奥氏体钢适用性有关议题

基于通信组讨论结果以及为了回应相关意见和建议,韩国向CCC第4次会议提交了通信组工作报告(CCC 4/4)、通信组各方意见评论(CCC 4/4/1)、高锰钢宽板试验报告(CCC 4/4/3)、通信组意见汇总(CCC 4/INF.2)、相关技术信息(CCC 4/INF.3)和使用高锰钢实船建造报告(CCC 4/INF.17)。日本向本次会议提交了对通信组工作报告的意见(CCC 4/4/2),提出应暂停对高锰钢适用性的讨论,直至其安全性得到实船运行记录的验证;如果在缺乏安全运行记录的情况下进行讨论,有必要按照其所提出的方案进行详尽的安全性评估。

经全会同意,会议期间成立了低温高锰奥氏体钢适用性研究工作组。工作组根据全会指示确认了评价高锰钢基体金属的试验项目,以及评价高锰钢焊接性能的试验项目;确认了评价高锰钢适用性技术要点需要的相关信息;确认在目前阶段,应起草评价低温高锰奥氏体钢适用性的临时指南,用以代替对《国际散装运输液化气体船舶构造和设备规则》(IGC)、IGF 规则的修改。分委会决定再次成立通信组,继续进行低温高锰奥氏体钢适用性研究,并确定了通信组的工作范围。韩国将继续补充、完善低温高锰奥氏体钢有关试验报告。相关工作将提交 CCC 第 5 次会议审议。

四、IMDG 规则及其补充本的修订

(一)IMDG 规则第 38-16 修正案勘误

CCC 第 4 次会议审议通过了 E&T 第 27 次工作组会议起草的编辑性勘误,指示于 E&T 第 28 次工作组会议完稿。E&T 第 28 次工作组会议遵照分委会指示完成了对 IMDG 规则第38-16 修正案的勘误,并依据法国提交的会议文件和西班牙代表在 E&T 第 28 次会议工作组会议期间准备的临时文件完成了对规则法语版和西班牙语版的勘误。

考虑到 IMDG 规则第 38-16 修正案将于 2018 年 1 月 1 日强制生效,E&T 第 28 次会议要求秘书处在此日期前完成勘误文件的编辑并发布。同时,会议要求秘书处提醒 E&T 第 29 次工作组在起草 IMSBC 规则第 05-19 修正案时,注意将"fishmeal"和"fishscrap"修订为"fish meal"和"fish scrap"的编辑性修改。

(二)IMDG 规则第 39-18 修正案草案拟定

1. 镍金属氢纽扣电池的免除

分委会讨论通过了修正镍金属氢纽扣电池(UN 3496)特殊规定(SP 963)的建议,并由 E&T 第 28 次会议完成编辑工作,写入 IMDG 规则第 39-18 修正案草案。修订后的 SP 963 明确了所有镍金属氢纽扣电池在运输中均可免除。

2. 发动机和机器标记标牌的使用

分委会讨论通过了关于修正特殊规定 SP 363 的提案,澄清了 UN 3530 条目中发动机和机器的油箱容量在 3 000 升上下分别适用海洋污染物标牌和标记的要求,并由 E&T 第 28 次会议讨论、写入 IMDG 规则第 39-18 修正案草案。

3. 爆炸性货物的隔离

分委会讨论通过了关于修正隔离代码 SG1 的提案,澄清了爆炸性作为主危险和副危险时的隔离要求,并由 E&T 第 28 次会议讨论写入 IMDG 规则第 39-18 修正案草案。修订后的 SG1 明确了爆炸性作为副危险时,按照第 1 类、1.3 小类进行隔离;爆炸性作为主危险时,按照主危险进行隔离的要求。

4. 六氟化铀的隔离

分委会讨论了德国和世界核运输研究所(WNTI)提交的关于修正六氟化铀隔离代码的提案,同意以德国提案为基础修正六氟化铀隔离代码和危险货物一览表,以反映其 6.1 类的副危险,并由 E&T 第 28 次会议讨论写入 IMDG 规则第 39-18 修正案草案。

E&T 第 28 次会议在讨论该提案时,注意到如果按照第 7 类隔离,降低六氟化铀与第 1.1、1.2 和 1.5 类爆炸品的隔离要求,从而应在德国建议的基础上新增 SG 78,用于明确当其与第 1.1、1.2 和 1.5 类爆炸品隔离时须用介于中间的整个舱室或货舱做纵向隔离。

5. 鱼粉中稳定剂及用量的修订

分委会讨论通过了修正鱼粉中稳定剂及用量的提案,同意删除 SP 308 中 3 000 千克以上的可移动罐柜和散装容器运输的鱼粉中抗氧化剂种类和用量的特殊限制,并删除 SP 945。E&T 第 28 次会议完成了上述修订,并将其写入 IMDG 规则第 39-18 修正案草案。

6. 应急措施(EMS)指南的修订

分委会讨论了德国向本次会议提交的关于修正 EMS 指南的提案,同意在 EMS 指南的溢漏应急措施表 S-S 特殊情况一栏中引入 UN 3332 和 UN 3333 两个条目。E&T 第 28 次会议完成了条目的引入和对应急措施表 S-S 及 IMDG 规则一览表的编辑性修订,并写入 IMDG 规则第 39-18 修正案草案。

7. "隔离类"代码化

分委会讨论通过了将 IMDG 规则中"隔离类"代码化的提案。E&T 第 28 次会议在讨论该议题时,部分代表提出采用"SGG"代表隔离类,可能造成在编辑修改时与"SG"混淆,无法批量替换,建议选用其他代码。经讨论,工作组认为"SGG"能更加准确地表达隔离类的含义,并最终写入 IMDG 规则第 39-18 修正案草案。

8. 电池车辆的运输

分委会讨论了 CEFIC 向本次会议提交的关于电池车辆问题的有关建议,认为目前对于"电池车辆"、"多单元气体容器"和"公路罐车"之间的关系应当进一步明确,同时现有的对于多单元气体容器的要求和公路罐车的要求应当适用于电池车辆的海运运输,新增 IMO9 型罐柜是没有必要的。同时,分委会明确了电池车辆运输压缩气体的使用应当仅适用于短途国际运输,并应和多单元气体容器保持相似的安全水平。对于 IMDG 规则中车辆的有关修订,建议不能直接影响联合国规章范本的有关要求。

根据分委会做出的决定,E&T 第 28 次会议对此进行了长时间的讨论,最终达成一致意见,将其写入 IMDG 规则第 39-18 修正案草案。为避免使用"电池车辆"造成的混淆,工作组将运输名称修订为"公路气体单元车辆",并适用多单元气体容器和公路罐车的相关要求。

(三)需要进一步讨论的议题

1. PP31 的修订

分委会讨论了关于修正包装导则 P403 中特殊规定 PP31 的提案,指示 E&T 第 28 次会议应按照全会做出的评论,重点考虑中国提出的 P403 和 P410 中所涉及货物类别和包装类的差异,并做进一步讨论。

E&T 第 28 次会议对此进行了长时间的讨论,同意删除 P403 中 PP31 表述的"除固体熔融材料外",并写入 IMDG 规则第 39-18 修正案草案。但工作组注意到 P403 和 P410 中 PP31 所列货物种类和包装类存在差异,且 P403 中 PP31 的分配与《联合国危险货物运输建议书》(橙皮书)中的不一致,故邀请感兴趣的缔约国和国际组织向 CCC 第 5 次会议提交提案。

2. 对熏蒸货物运输组件条目及相关运输条件的修正

分委会讨论了关于修正熏蒸货物运输组件条目及相关运输条件的提案,指示 E&T 第

28 次会议进一步研究 IMDG 规则对 MSC. 1/Circ. 1361 号通函直接引用的合理性。

E&T 第 28 次会议对此问题进行了长时间的讨论，虽然就删除在 IMDG 规则中的直接引用达成了一致意见，但在国家立法、熏蒸后到可装载的间隔周期、海上运输熏蒸货物运输组件涉及人员的角色和职责、运输单证修改是否涉及多式联运等问题上未能统一意见。因此，工作组邀请感兴趣的成员国和国际组织向 CCC 第 5 次会议提交提案。

3. 关于对医疗急救指南（MFAG）的修正

分委会讨论并同意了对补充本 MFAG 中表 19 的修改建议，但注意到布洛芬的副作用，认为用布洛芬替代对乙酰氨基酚应仔细考虑。分委会考虑到德国将在 CCC 第 5 次会议上提交关于扑热息痛的新议案，最终决定暂时不发布 MFAG 的相关修正案，直到进一步讨论后得到最终结论。

五、IMO 安全、保安和环保有关公约规定的统一解释

1. IGF 规则修正案

会议就三份（均为 IACS 提交）关于 IGF 规则统一解释的提案、工作组就提案中 LNG 燃料舱较高液位许用条件、燃料舱接头处所污水井液位指示器等内容进行了讨论，制定了对 IGF 规则的统一解释草案，拟提交 MSC 第 99 届会议批准。

2. IGC 规则修正案

会议审议了一份关于 IGC 规则统一解释的提案（IACS 提交），同意提案中对"每次干坞"的统一解释，并据此制定了一份 IGC 规则统一解释通函，拟提交 MSC 第 99 届会议批准。

六、关于船舶载运或港口作业包装危险货物和污染危害性货物的事故报告

会议回顾了 CCC 第 3 次会议上明确成员按照 MSC. 1/1442 通函提交对载运危险货物的运输组件实施检查报告的要求，并注意到德国、瑞典、智利、美国和韩国提交的相关检查结果，及国际货物装卸协调联合会（ICHCA）对此做出的评论。会议鼓励成员尽快实施货物集装箱检查程序并报告 IMO，也邀请成员在下次会议上分享货物集装箱检查的经验和教训。同时，分委会已在研发全球综合航运信息系统（GISIS）新功能，希望成员通过 GISIS 提交电子版的 2017 年检查报告。

七、其他相关事宜

会议审议了国际标准化组织（ISO）、国际集装箱管理局（BIC）关于防止集装箱海上损失的提案，表示 ISO 修订的集装箱系固设备、角件的标准（ISO1161 标准和 ISO3874 标准）和 BIC 建立的 ACEP 数据库对防止集装箱丢失有着积极的作用，并强烈要求集装箱安全公约各缔约方公布 ACEP 信息，并将公布的 ACEP 信息路径报告秘书处。

便利运输委员会第41届会议

时间:2017 年 4 月 4 日—7 日　　　　　**主席**:Yury Melenas（俄罗斯）

会议期间展开工作的各类小组:审议并更新《1965 年便利海上运输国际公约》（FAL 公约）解释手册工作组;船舶电子清关工作组

本届会议决定建立的工作组:电子商务工作组;FAL 公约解释手册工作组

主要议题审议进展:

一、审议并通过 FAL 公约修正案

FAL 第 40 届会议通过了 FAL 公约附件的修正案,FAL 第 41 届会议上有代表团建议在报告偷渡登船地点时,将报告港口、码头及泊位信息这项要求纳入公约附件的附录中。由于该问题涉及一系列具体的法律问题,委员会同意请求法律委员会(LEG)审议 FAL 公约附录的法律地位。委员会同意进一步修订 FAL. 2/Circ. 50/Rev. 2,即成员国和国际组织在报告偷渡者登船位置时要包括港口、码头和泊位补充信息。

委员会通过了代表团提出的在报告偷渡者地点时要添加港口设施数量以及港口、码头和泊位信息等附加信息。委员会批准了关于统一解释 FAL 公约附录 3 文件的 FAL. 7/Circ. 1,以及关于报告偷渡事件的 FAL. 2/Circ. 50/Rev. 3。针对早在 MSC 第 88 届会议上通过的已经经过修订的防止偷渡者进入船舶和寻求成功解决偷渡案件责任分配问题导则的相应决议[MSC. 312(88)],委员会同意向 MSC 通报该问题的后续讨论进展及相关决定。

此次公约的修订是为了确保该公约能够充分处理航运业目前新的需求,促进并加快国际海上运输业务的发展,防止因不必要的船舶延误而给乘客带来不便或对其财产造成损失。IMO 强制要求航运业使用电子数据交换进行货物、船员和乘客的信息收集,并将其作为 FAL 公约修正案的一部分,旨在简化船舶抵达、停留和离开港口的程序。

新的修正案鼓励"单一网站窗口"的做法,因为这样能使所有政府当局要求的信息与抵达、停留和离开港口的船舶、乘客及货物相关联,通过单一网站窗口提交信息,无须进行重复工作,以简化程序。

新修正案计划于 2018 年 1 月 1 日起生效。公约修正案生效后会有一个 12 个月的过渡期,从系统引入开始到电子传输系统强制使用期间,纸质的和电子文档都将允许被继续使用。

此外,新修正案对于"船员离岸和接近岸边设施"的内容也进行了修改,不应对船员的国籍、种族、肤色、性别、宗教、政治倾向和出身背景带有歧视,并且要尊重船员所服务的船旗国的船舶。

关于偷渡者的相关标准和推荐做也有所更新,这些更新和做法参考了《国际船舶与港口设施保安规则》(ISPS CODE)的相关内容。新标准要求政府在适当的情况下将此条约纳入国家法律,允许对偷渡者,以及任何协助偷渡者接近港口、船舶、货物或集装箱的个人或公司提出控诉。

此外，根据 IMO 标准化形式，IMO 总声明、货物声明、船上商店声明、船员声明、船员名单、乘客名单和危险货物的相关内容也被修改。

二、审议并更新 FAL 公约解释手册

本届会议为审议和更新 FAL 公约解释手册设立了专门的工作组。

委员们肯定了工作组在 FAL 公约解释手册方面取得的成果，审议并同意了工作组关于将该产出的目标完成日期延展到 2019 年的建议；委员会批准了会间通信组在审议解释手册方面的职责范围：审查了解释手册的案文，起草修正案，并完成修正案草案；检查了解释手册中交叉引用是否正确；审议了应该如何处理与已经删除的标准或建议做法有联系的解释性案文，确保解释手册的案文反映缔约国主管机关在 2019 年 4 月 8 日之前采取的建立电子交易信息系统的一切必要措施，确保解释手册的案文反映电子环境中相关的是数据而不是文件的概念；审查了解释手册的案文，提出将其修改成中性的表述；提出了 FAL 表格指南是否应被纳入解释手册中，该指南是否应包括所有表格或仅包括一种，或者是否通过引用的方式给出引导更加适合的建议。

三、单一窗口概念的应用

（一）IMO 制定海事单一窗口（MSW）标准的项目

考虑到数据的协调和标准化是 MSW 互用性的核心部分，2019 年 4 月 9 日即开始强制实施电子信息交换。委员会同意审查《海上运输单一窗口系统建立导则》（MSW 导则），以反映自导则获批以来提出的修正案，特别是审查指南附件 A，来更新现有的 MSW 清单，促进双边合作，加快实施 MSW。根据这一决定，委员会责成船舶电子清关工作组审议 FAL.5 / Circ.36 的更新进展，并准备修订 FAL.5 / Circ.36 新产出的说明，以供委员会审议。

（二）电子签名的性能标准

委员会审议了将 MSW 作为机器对机器系统进行操作的建议，以实现船舶报告全自动化。委员会同意优先考虑在解释手册上发布自动化机器对机器方案的必要性提议。

（三）电子证书使用导则

FAL 第 40 届会议通过了关于电子证书使用指南的决议，注意到自上届会议以来，巴哈马、丹麦、德国和塞拉利昂政府已经通知秘书长其开始发布电子证书的决定。委员会注意到秘书处开发了全球综合航运信息系统（GISIS），该系统在"检验和发证"模块中提供电子证书认证咨询信息。秘书处敦促会员国利用 GISIS 提供其电子证书认证网站资料，这样既可提高效率，也可避免麻烦。

（四）MSW 的实施和互用性

委员会邀请世界海关组织（WCO）继续牵头非正式通信组的工作，所有相关方均可参与，通信组的工作是解决其互用性、标准化和协调问题，并向下届会议报告进展情况。

根据为 MSW 导则更新制定的新产出，委员会批准通信组在日本的协调下修订该导则，准备修订草案，确保其准确地反映成员在海上贸易、电子和自动化机器对机器通信与合作方面的进展，以供 FAL 第 42 届会议审议。

四、保护海上获救人员的安全措施

考虑到自 FAL 第 37 届会议以来,在关于地中海区域海上获救人员的保护议题下没有提交任何文件,且未取得重大进展,委员会同意将该产出纳入后双年度议程,以便在 FAL 第 42 届会议重新审议该决定,并据此向 MSC 第 98 届会议提出建议。

五、不安全的海上混合移民

2016 年 4 月 26 日—27 日,在瑞典马尔默世界海事大学举办的海上移民问题研讨会上,委员会对海上移民的评估、与移民有关的人权问题、移民和海上人口贩运、海上移民安全和保安、与责任和保险有关的国际法问题等进行了研讨。委员会还对世界海事大学组织本次重要研讨会表示感谢。

六、审议并分析海上获救人员及偷渡信息

IMO 秘书处于 2015 年 7 月发起了共享海上移民走私信息平台的倡议,但自平台发起至今,数据库只收到四起海盗事件报告。委员会再次鼓励各成员国政府通过 GISIS 数据库的便利模块提供及时且准确的有关移民及走私嫌疑人和船舶的信息。

七、关于保护海上运输网络免遭网络危险的便利方面事宜

委员会批准了关于海上网络风险管理的联合通函 MSC-FAL. 1,与 MSC 第 98 届会议决定保持一致。

八、分析并审议减少履行 IMO 文书以减轻行政负担相关事宜

为了减少履行 IMO 文书所带来的行政负担,委员会鼓励成员国政府使用 GISIS 模块报告相关信息。本届会议鼓励成员国政府使用 GISIS 保持信息更新;鼓励成员国政府就使用特定 GISIS 模块提出建议;同意各成员国无须采取任何有关保存数据的行动;同意成员国无须采取任何关于提供接受、加入、退出等信息的行动;同意制定一份通函,以建议主管机关向船长提供将受伤生病船员转移上岸的要求及程序的相关信息,便利相关进程。委员会批准了向需要将伤病人员送回岸上的船长提供信息的 FAL. 6 / Circ. 17 通函。

九、海上运输便利化相关技术合作活动

委员会同意将 FAL 第 36 届会议批准的优先事项 2 和 7 合并为"促进各国对 FAL 公约的接受,促进便利国际海上交通措施的有效实施,满足最不发达国家(LDCs)及小岛屿发展中国家(SIDS)的特殊需要,尤其满足非洲对海上交通的需要"。

考虑到 FAL 公约的宗旨和目标,委员会将在 2018—2019 年把重心放在解决国家 FAL 相关需求层次上,然后解决区域需求,同时批准了 2018—2019 年两年期间综合技术合作项目(ITCP)选定的优先事项,并责成秘书处将其转交技术合作委员会审议。

十、其他

按照计划 FAL 第 42 届会议将于 2018 年 6 月 5 日—8 日在 IMO 伦敦总部召开。Yuel Melenas 先生(俄罗斯)担任主席,Angasell 女士(瑞典)担任副主席。

人的因素、培训与值班分委会第4次会议

时间：2017年1月30日—2月3日　　**主席**：Mayte Medina（美国）

会议期间开展工作的各类小组：人的因素、疲劳缓解和管理指南与部分其他议程的工作组；1995年渔船船员培训发证和值班国际公约全面回顾的工作组；STCW公约2010年马尼拉修正案实施指南、推进GMDSS现代化草案和部分其他议程的工作组；示范课程起草组

主要议题审议进展：

一、人的因素

（一）船舶配员与船员疲劳

本议题下共收到1份提案。大会对其审议后认为船舶配员问题在高级别行动计划中没有相应的产出计划，且MSC第95届会议讨论类似问题时决定对《最低安全配员准则》不予修改，同时认为SOLAS规则V/14和1047(27)决议的最低安全配员的原则不应该被修改，而且提议1047(27)决议修订超过了本分委员会权限。因此，分委会最终没有采纳该提案的建议，提案没有进入工作组讨论阶段。

（二）事故经验教训运用于海员培训

本议题下共收到3份提案。经大会讨论，发言的所有国家和组织一致赞同和支持上述提案。但考虑到当前III正在开展此项工作，要求HTW在现阶段采取行动制定一个广泛适用的方法论尚不够清晰，因此，决定在此项议题上等待III第4次会议成果后酌情再提请HTW第5次会议审议。

二、疲劳缓解和管理指南的修订

本议题下共收到2份提案。由于时间限制，工作组未能按分委会指示完成有关修订。认识到完成此项工作的重要性，工作组同意不重新建立通信组，并请分委会请求委员会延长完成目标至2018年，并提交委员会最终批准。同时，工作组建议分委会邀请成员国（地区）和国际组织向HTW第5次会议提交疲劳缓解和管理指南（以下简称"疲劳导则"）修订草案的相关提案。

三、对实施STCW公约马尼拉修正案的指引

该议题下共收到9份提案，包括关于通过全球综合航道信息系统（GISIS）模块完成STCW相关信息交流以减轻行政负担，关于制定向港口国监督官员和其他第三方检查机制提供书面证明这一规定的指南，电子海图培训要求的指南和履行STCW公约马尼拉修正案时的问题识别等四个方面。

（一）关于通过GISIS模块完成STCW相关信息交流以减轻行政负担

经过讨论，工作组同意将信息透明度类型调整为公开、所有缔约国和限制级三种类型，删除了机密类型，同时对附件1的表格内容进行了调整。

(二)关于海员向港口国监督官员和其他第三方检查机制提供 STCW 公约要求的相关书面证明规定的指南

经过工作组广泛讨论和认真审议,同意制定一个 STCW.7 号通函供本分委会批准。工作组还根据通函内容编制了港口国控制程序[决议 A.1052(27)]草案文本,供本分委员会批准后按照 MSC 第 96 届会议的指示转给 III。最后,会议就 STCW.7 通函的签发程序和法律地位问题展开了讨论。

(三)关于电子海图培训要求的指南

工作组经讨论后认为,STCW 规则包含了关于电子海图显示与信息系统(ECDIS)的认可培训的要求,如果在认可培训未完成的情况下,对发给海员的证书和签注应当包括限制。当此类限制未标明时,该证书和签注表明已成功完成所需认可的培训并且已达到适任能力标准。工作组建议将上述意见纳入 STCW.7 号通函中。

(四)履行 STCW 公约马尼拉修正案时的问题识别

工作组审议提案涉及的履行 STCW 公约的经验教训,并对在吸取经验教训方面进行了初步讨论,认为需要足够的时间以允许国家立法生效、开发示范课程、海员完成必要的培训;必须明确过渡性安排;应考虑为不同的新要求确定不同的实施日期;应考虑与证书有效性相关的灵活实施日期。工作组建议在决定未来修订的实施日期时可以考虑这些建议,以供 HTW 第5次会议进一步审议。

四、GMDSS 现代化

本议题下共收到 2 份提案。大会根据讨论情况决定不交给工作组,而是交还给 NCSR 继续开展工作,同时分委会认为 GMDSS 现代化计划的条款过于规范和严格,需要在现代化计划中给予更多的灵活性。

五、示范课程的确认

两个起草小组根据大会授权,审议了《极地水域航行船舶船员基本培训》等 9 门示范课程(8 门课程获得通过),并对《雷达导航(管理级)》等 11 门修订/新开发示范课程开发者指南(TOR)进行了确认。

六、其他事项

(一)船舶疏散路线标识及公约要求的设备位置标志的修订提案

提案认为有文字说明的逃生路线标识和设备位置标识有助于船员、乘客和其他船上相关人员在紧急情况下迅速识别和理解。大会同意将提案发给 SSE 进行审议。

(二)关键 DP 操作员的培训和资历导则的修订

提案由国际海事承包商联盟(IMCA)提交,提供了对动力定位关键人员培训和资历导则第二次修订的相关信息。经讨论,大会决定由秘书处准备文件,直接提交给 MSC 审议,不再将提案交给工作组。

(三)极地规则的统一解释

提案建议发布一个 STCW 通函,以统一解释《极地规则》第 12.3.2 段,并建议制定一个与

《极地规则》第 12.3.1 段的培训要求表格相对应的表格,以便于理解相关培训要求。经讨论,大会无法就该提案是否需要对统一解释做出澄清和制定指南达成一致,请会员国和国际组织向 HTW 第 5 次会议提交相关提案以供审议。

（四）船员证书、休息时间和配员 PSC 导则

该议题由 III 第 3 次会议成果转交 HTW 第 4 次会议,根据大会讨论情况,本分委员会同意将 STCW 规则 B 部分的表 B/2 作为修订导则的附件列入,并指示秘书处完成导则草案的修订以便 MSC 第 98 届会议批准,并转交给 III 第 4 次会议。

七、STCW-F 的全面审查

本次会议共收到 8 份关于 STCW-F 公约修订的提案,2 份信息类文件。但由于时间限制,工作组只初步修订了公约附则第 I 章、第 II 章的现有条文,且基本完成了对甲板部船长和高级船员最低适任标准（A 部分）的初步修订。因此,会议决定将上述提案建议的内容移交下次会议继续审议。

法律委员会第 104 届会议

时间:2017 年 4 月 26 日—28 日　　主席:Kofi Mbiah(加纳)

会议期间开展工作的各类小组:加快《1996 年国际海运有毒有害物质损害责任和赔偿公约》(HNS 公约)2010 年议定书生效和统一解释的大会决议起草组;关于主管机关授权签发《1996 年国际油污损害民事责任公约》(CLC 公约)1992 年议定书和 2010 年 HNS 公约议定书下所要求的保险证书的大会决议草案起草组

主要议题审议进展:

一、HNS 公约 2010 年议定书生效和统一解释

本议题下共收到 1 份提案。加拿大作为 HNS 通信组协调人报告了工作进展情况,提交了关于加快 HNS 公约 2010 年议定书生效和统一解释的工作组报告。委员会决定通过 HNS 事故情景陈述,以大会决议形式通过 2010 年 HNS 公约议定书生效和实施的决议草案,确定研讨会将与 2018 年 LEG 第 105 届会议或 IOPC FUNDS 会议背靠背召开。鉴于通信组已经完成委员会交予的任务,委员会决定将其解散。

二、2006 年海事劳工公约被遗弃海员财务担保和船东承担海员人身伤亡的合同责任修正案

本议题下共收到 2 份提案。2006 年海事劳工公约(MLC 公约)2014 年修正案已于 2017 年 1 月 18 日生效。为了更好地保护海员及其家属权益,修正案要求船东提供财务担保,保证被遗弃海员获得援助,以及确保海员因就业患疾病、受伤或死亡时获得保护。IMO 和国际劳工组织(ILO)秘书处联合提供了最新的被遗弃海员数量和 MLC 公约 2014 年修正案生效情况。国际航运公会(ICS)对建立被遗弃海员数据库做了评论,认为保证数据库中信息的准确性非常重要,建议明确相关事件类型定义并做相应改动,在数据库中仅保留仍需采取行动的事件信息,同时应加强最初报告人和数据库管理员的主动管理。

委员会决定由 IMO 和 ILO 秘书处吸收会议讨论意见,共同对联合文件进行修改完善,提交下一届会议讨论。

三、公平对待海员

本议题下共收到 1 份提案。IMO 和 ILO 于 2006 年联合制定了《海上事故中公平对待海员导则(2006)》,目前正在积极推动其生效实施。国际运输工人联合会(ITF)和国际船长联盟(IFSMA)组织开展了《海上事故中公平对待海员导则(2006)》执行情况的问卷调查,并由海员权益国际组织(SRI)负责对回复情况进行深入分析。

委员会支持 ITF 的建议,于 2017 年 6 月 23 日"世界海员日"在伦敦召开研讨会,讨论如何公平对待发生海上交通事故的海员,制定能够尽快生效实施的工作导则,指导各成员国更好地保护海员权益。

四、执行 IMO 文件下授权认可机构签发保险证书的建议和指南

本议题下共收到 1 份提案。法国作为关于主管机关授权签发 1992 CLC 公约议定书和 2010 年 HNS 公约议定书下所要求的保险证书通信组协调人，报告了工作进展情况，提交了工作组报告以及关于主管机关授权签发 1992 CLC 公约议定书和 2010 年 HNS 公约议定书下所要求的保险证书的大会决议草案，着重提出了在主管机关授权签发保险证书情况下的缔约国责任问题，认为主管机关授权签发保险证书对于缔约国所应承担责任没有任何影响；主管机关授权被认可组织签发保险证书的缔约国，应遵循 IMO《被认可组织规则》（RO 规则），建议委员会就下列两个问题征询 MSC 意见：一是 RO 规则适用于主管机关授权签发保险证书法理上是否充分，二是是否应为此目的修改 RO 规则。

会议决定就相关大会决议草案成立起草组，根据会议讨论和决定完成起草关于主管机关授权签发 1992 CLC 公约议定书和 2010 HNS 公约议定书下所要求的保险证书的大会决议草案，并提交书面报告。

起草组如期完成了报告和大会决议草案，并获得本届会议通过，将提交第 118 届理事会和第 30 届大会审议。

五、海盗

本议题下共收到 2 份提案。秘书处文件介绍了打击索马里海盗联络小组（CGPCS）工作最新情况，以及旨在解决西印度洋和亚丁湾区域海盗和武装劫持船舶问题的《吉布提行动规则》（以下简称《行动规则》）修正案相关工作进展情况。其中，针对 2017 年 1 月召开的《行动规则》签署方高级别会议上通过的《2017 年吉达修正案》（以下简称《修正案》）将适用范围扩展到贩卖人口、非法、不报告和不受管制（IUU）捕捞等其他海上犯罪行为，多数成员国提出异议。最终委员会决定，将继续对海盗和武装劫持船舶问题保持关注并开展讨论，但委员会不应处理自身权限范围之外的事务。

印度提案建议委员会发布通函，敦促各成员国与海事行政管理机关分享船员被劫持为人质的有关信息，以便于开展船员营救，并由委员会向 ILO 提出修订 MLC 公约的建议，增加船东应在被劫持船员合同到期后继续支付工资的规定。最终会议决定，相关议题已由 IMO 大会及 ILO 进行了讨论和处理，委员会将不再另行开展相关工作。

六、LEG 产生的公约及其他文件的现状回顾

本议题下共收到 2 份提案。秘书处简要介绍了截至 2017 年 4 月 21 日各相关公约的现状，鼓励未批准这些公约的国家尽快推进相关程序。部分国家代表团通报了国内批准加入相关公约的进展情况，包括：加拿大即将批准 2010 年 HNS 公约议定书和加入《2007 年内罗毕国际残骸清除公约》，澳大利亚即将批准《2004 年国际船舶压载水和沉积物控制与管理公约》，新西兰即将批准《1992 年设立国际油污损害赔偿基金国际公约 2003 年议定书》和《2005 年制止危及海上航行安全非法行为公约》及其议定书，朝鲜将加入《2007 年内罗毕国际残骸清除公约》等相关信息。

挪威于 2017 年 4 月 21 日首个递交了 2010 年 HNS 公约议定书的批准书，委员会对此表示欢迎并鼓励各国政府尽快履行批约程序,促进议定书尽快生效,并表示各成员国可就履约过程中遇到的问题向委员会报告以寻求建议和指导。

航行、通信与搜救分委会第4次会议

时间：2017年3月6日—10日　　　**主席**：Lakeman（荷兰）

会议期间开展工作的各类小组：航行、通信和搜救三个工作组；船舶定线系统专家组和全球海上遇险和安全系统（GMDSS）现代化计划草案起草组

委员会决定成立的通信组：INS性能标准附加模块的制定通信组

主要议题审议进展：

一、船舶定线制、报告制及相关事宜

该议题（议题3）下共收到5份提案，经全会审议后，全会指示船舶定线制专家组对提案文件进行详细讨论。全会最后通过了日本、英国等提交的提案。

1. 日本提案

专家组对日本提交的在伊豆大岛（OShima）西海岸设立推荐航线的提案（NCSR 4/3）进行了审议。与会专家认为该提案符合IMO船舶定线制一般规定的要求，提案所提建议、设置方案均比较合理。最终，该提案经全会审议通过，并报下届MSC会议批准通过。

2. 英国提案

专家组对英国提交的对SUNK区域和通往泰晤士河口北侧的长沙头双向航道与SUNK警戒区进行修正的提案（NCSR 4/3/1）进行了审议。与会专家一致认为该提案符合IMO船舶定线制一般规定的要求，提案所提建议、设置方案均比较合理。最终，该提案经全会审议通过，并报下届MSC会议批准通过。

3. 哥斯达黎加提案

专家组对哥斯达黎加提交的在哥斯达黎加沿岸设立避航区以及在杜尔塞湾建立推荐双向航路的两份提案（NCSR4/3/2，NCSR4/3/3）进行了讨论。针对设立避航区的建议，考虑到提案中并未指出该水域曾有发生过海上事故的记录，部分专家对避航区的设置范围提出了异议。经讨论，提案方对避航区范围进行了调整，缩小了位于巴伊亚科罗拉多北部的避航区面积，并将提案名称修订为《在哥斯达黎加沿岸德奥萨岛设立避航区》。最终，该提案经会议审议通过，并报MSC会议批准通过。针对设立推荐双向航路的建议，考虑到该水域船舶交通流较小，包括中国专家在内的很多与会专家均对设立双向航路的必要性提出质疑，经讨论，会议未通过该建议，仅建议提案方通过国内立法规范该区域交通流。

4. 菲律宾提案

专家组对菲律宾提交的在苏禄海特别敏感海域"图巴塔哈群礁国家公园（TUBBATAHA）"建立避航区及带有警戒区的双向航道提案（NCSR 4/3/4）进行了认真讨论。考虑到该特别敏感区已获得MEPC第69届会议原则上通过，专家组讨论同意了设立避航区的建议并决定报MSC会议批准通过。对设立双向航道的建议，与会专家纷纷提出异议，认为该水域船舶交通

流较小,船舶碰撞风险亦较小,且缺乏过往船舶发生碰撞的事故案例,因此,会议未通过设立双向航道的建议。

二、船舶远程识别与跟踪系统(LRIT)更新

该议题(议题4)下共收到8份提案,主要讨论情况如下:

1. 会议审议了秘书处提交的自上次会议以来 LRIT 运行状况提案(NCSR 4/4/1),提请各成员国关注国际数据交换中心(IDE)、数据分发计划(DDP)、信息分发设施(IDF)等常态化的运行情况、数据统计等信息,并核实本国应用服务供应商及在 DDP、IDE 网站内的联系人信息。

2. 会议审议了 IMO 秘书处通报的截至 2017 年 3 月 7 日各缔约国数据中心的测试完成情况,其中有 13 家已完成测试、5 家正在开展测试、12 家等待启动测试,其余数据中心根据 NCSR 3/7/1 文件不开展测试。会议敦促未完成系统修改测试的数据中心于 2017 年 4 月 18 日之前完成测试工作。同时,授权 IMO 秘书处书面通知相关缔约国政府数据中心,并对未如期完成的数据中心做出回收公钥基础设施(PKI)证书的处理。

3. 会议在充分考虑了 IMO 秘书处、国际移动卫星组织(IMSO)等提供信息的情况下,经充分讨论,形成以下意见:一是认定沙特阿拉伯国家数据中心和突尼斯国家数据中心开展的开发测试工作已失效;二是如在 2017 年 4 月 30 日前仍处于非工作状态,授权 IMO 秘书处将柬埔寨等国家数据中心从 LRIT 中移除;三是敦促部分数据中心及时缴纳审核费用;四是鼓励各国政府及其数据中心采取积极措施提升 LRIT 信息报送率,并促进 LRIT 在搜救领域的应用。

4. 关于调整报位频率的实现模式变更问题,会议审议了 NCSR 上次会议巴西提交的提案(NCSR 3/7/2),审议了秘书处向本次会议的提案(NCSR 4/4/1)及巴西向本次会议提交的提案(NCSR 4/4/2)。经讨论,会议同意采纳 LRIT 运行管理机构(OGB)的建议,由部分数据中心以模式 A(由船旗国数据中心采取单呼实现)试运行调整报位频率的实现方式,此后再结合试运行情况做出决定。会议授权有兴趣的数据中心开展上述试运行工作,并向 NCSR 第 5 次会议报告结果及成本/效益分析情况,同时,邀请有意开展该测试的数据中心,通过其缔约国政府向 IMO 报告。

5. 会议审议了越南提交的关于为沿岸国增加历史数据请求消息的提案(NCSR 4/4/4)。在全会讨论中,有代表发言建议此项工作需结合系统第二次修改测试情况统筹推进,避免重复修改软件,并指出了具体的技术文档条款,以及据此建议规定所请求历史数据设置截止上限。经审议,分委会建议在开展实际行动之前,需充分研究有关技术、财务细节,可请求的信息时限以及实现的时序安排等事宜,并邀请有兴趣的缔约国开展深入研究,向 NCSR 下次会议提供进一步信息。

三、NAVTEX 接收机和 INMARSAT SAFETYNET 接收机互联及其在船舶综合导航系统上的显示

本次会议未收到本议题(议题5)下的任何提案。

本次会议在本议题下审议了 IMO/ITU 联合专家组第 12 次会议关于水上无线电通信事宜的报告中,有关 MSC.148(77)、MSC.306(87)和 MSC.252(83)决议的修订建议。经讨论,会议通过了 NAVTEX 性能标准 MSC.148(77)决议修订建议、EGC 性能标准 MSC.306(87)决议修订建议以及 INS 性能标准 MSC.252(83)修订建议。

会议还审议批准了向国际海道测量组织(IHO)、世界气象组织(WMO)和国际电工技术委员会(IEC TC80)发出的,关于综合导航显示系统中 NAVTEX 和 INMARSAT-C SAFETYNET 信息显示变化的联合声明草案。分委会指示秘书处将联合声明草案转交给 IHO、WMO 和 IEC TC80,并将此声明草案提交 MSC 审议通过。

四、统一提供 PNT 数据和完整性信息相关的多系统船载无线电导航接收机指南

会议审议了由德国提交的统一提供定位、导航与授时(PNT)数据和完整性信息相关的多系统船载无线电导航接收机指南草案的通信组报告(NCSR 4/6)。

分委会还审议了中国提交的对多系统船载无线电导航接收机性能标准使用的澄清提案(NCSR 4/6/1),经讨论同意在 PNT 导则中加入体现北斗可作为船舶导航系统基本时空信息源的表述。最终,经航行安全工作组详细审议,会议通过了该指南草案。同时,会议同意了中国提出的在实施 MSC.401(95)开展多系统导航接收机型式认可工作时应参考使用单系统接收机性能标准的建议,起草了 MSC.401(95)决议修正草案,在该决议中增加了"在实施 MSC.401(95)决议开展具体的多系统导航接收机认可工作时应考虑单系统性能标准"条款。

五、通信设备接收导航信息协调显示导则

本次会议审议了挪威与 IHO 联合提交的第一版船上通信设备接收导航信息协调显示指南草案提案(NCSR 4/8),认为该导则草案为后续工作打下了良好的基础,但考虑其复杂性,仍需要完成很多后续工作。经讨论,会议同意成立会间通信工作组继续开展相关工作,制定了通信工作组的工作权限,包含识别在综合导航系统性能标准 MSC.252(83)中新增信息显示模块的必要性和范围,并同意将该议题的完成年限延长至 2018 年。

六、船舶报告系统指南和准则修订

该议题(议题9)下共收到 3 份提案,分别是巴西提交的船舶报告测试平台成果对 MSC.43(64)决议修订支持的分析与说明提案(NCSR 4/9),秘书处提交的有关船舶报告系统指南与准则修订的行政管理事务负担提案(NCSR 4/9/1),以及挪威与新加坡共同提交的利用自动船舶报告试验平台成果辅助修订船舶报告系统指南提案(NCSR 4/9/2)。会议对 3 份提案进行了一般性讨论,与会代表对上述提案未持异议,最终会议通过了船舶报告系统指南和准则 MSC.43(64)的修订建议。

七、船载 GMDSS 设备性能标准制定以容纳新的 GMDSS 卫星服务供应商

本次会议审议了法国、马绍尔群岛、西班牙、美国、国际海事无线电委员会(CIRM)提交的 GMDSS 船舶地球站使用的性能标准草案提案(NCSR 4/10),并审议了法国提交的评论性提案(NCSR 4/10/1)。分委会指示工作组详细审议上述两份提案,并以 MSC.130(97)决议为蓝本,起草了用于 GMDSS 的船舶地球站性能标准的 MSC 决议草案。草案主要包括通用要求、功能要求和系统与设备集成界面三部分内容。最终,会议认可了工作组所形成的船载 GMDSS 设备性能标准草案以及 MSC 决议草案,并将按程序提交 MSC 批准通过。关于新性能标准的

应用日期,会议考虑了挪威、英国和西班牙等国的意见,决定先保留待定,待 MSC 审议确定。

八、GMDSS 总计划更新及海上安全信息规定导则

本次会议审议了 IMO 的 NAVTEX 协调组主席提交的提案(NCSR 4/11/3),该提案介绍了 NAVTEX 协调组的年度报告。

会议还审议了 IHO 全球航行警告服务(WWNWS)分委会主席提交的提案(NCSR 4/11/2),该提案介绍了 WWNWS 分委会第 8 次会议情况,分委会邀请 WWNWS 分委会对 IMO 大会相关决议和 MSC 相关通函的修正程序起草草案文。

分委会注意到 IMO 秘书处在全球综合航运信息系统(GISIS)中的 GMDSS 总计划新模块的进展情况,并在下次会议上继续听取秘书处对 GISIS 新模块工作进展的情况报告。

九、GMDSS 现代化计划草案

本次会议审议了 IMO/ITU 联合专家组第 12 次会议报告(NCSR 4/16),审议了国际民航组织(ICAO)与 IMO 联合专家组第 23 次会议报告(NCSR 4/21),审议了美国提交的 GMDSS 现代化通信工作组报告(NCSR 4/12)。

会议审议了通信组报告中设立新计划产出的建议,包括对 SOLAS 公约第Ⅲ章和第Ⅳ章进行修订、对 GMDSS 引入新的移动卫星系统认可标准的修订和制定 NAVDAT 海上安全信息数字广播系统(NAVDAT)性能标准等三项提议。经讨论,形成以下建议:一是考虑到 SOLAS 公约第Ⅳ章修订尚未完成,因此决定暂时不修订 A. 1001(25)决议;二是 NAVDAT 应用于 GMDSS 之前,需要更多技术信息,目前不提议制定 NAVDAT 性能标准。分委会决定只保留对 SOLAS 公约第Ⅲ章和第Ⅳ章的修订设立新计划产出的建议,请 MSC 将其列入 2018—2019 年双年度计划中,并列入 NCSR 第 5 次会议临时日程。

会议审议了伊朗提交的关于认可铱星移动卫星系统成为 GMDSS 服务供应商所应考虑的最低标准的提案(NCSR 4/12/2)。经全会讨论,多个成员国对此提案表示支持,会议决定在未来对 A. 1001(25)决议进行修订时考虑该提案中的相关建议。

会上成立了 GMDSS 现代化计划草案起草组,起草组以美国提交的通信组报告提案(NCSR 4/12)为基础,考虑了丹麦提交的提案(NCSR 4/12/1)和法国提交的提案(NCSR 4/12/4)的相关内容,最终完成了 GMDSS 现代化计划草案稿。会议同意 GMDSS 现代化工作组继续开展工作,并为其确定了工作职责。

十、审议 SOLAS 第Ⅳ章及附录以容纳新的移动卫星系统

本次会议审议了德国、日本和美国等共同提交的建议修改 SOLAS 第Ⅳ章及其附录修正案草案的提案(NCSR 4/14),以容纳新的移动卫星系统。会议还审议了英国提交的一份评论性提案(NCSR 4/14/1)。

在全会讨论中,发言的多数国家同意了将 SOLAS 公约第Ⅳ章和附录证书 P、R 和 C 表格中有关"Inmarsat"的表述修订为"认可的移动卫星业务"的建议,会议指示工作组对此做进一步审议。工作组修订了 SOLAS 公约第Ⅳ章及附录,将原有文本中"Inmarsat"一词统一替换为"认可的移动卫星业务"。会议认为新修订草案所用"认可的移动卫星业务"的表述与 ITU 无线电规则中"移动卫星业务"的定义不一致,未来有必要重审此表述。最终,会议通过了 SO-LAS 公约第Ⅳ章及附录修订草案,并报 MSC 批准通过。

十一、对无线通信 ITU-R 研究组相关事宜的回应

该议题(议题15)下共收到 3 份提案。本次会议审议了由秘书处提交的关于 ITU-R 研究组所研究的无线电通信提案(NSCR 4/15);审议了 ITU-R 5B 工作组致 IMO 联合声明提出制定用于水上移动业务的数字选择性呼叫系统建议书 ITU-R M.493-14 初步修订草案工作文件的提案(NCSR 4/15/1);审议了 ITU-R 5B 工作组致 IMO 和国际航标协会(IALA)联合声明提出自主水上无线电设备(AMRD)的识别和分类的提案(NCSR 4/15/2)。

全会指示工作组对以上文件进行讨论。经讨论,工作组建议将 ITU-R M.493-14 技术建议书的修订草案文件及 AMRD 的识别和分类等相关问题,纳入即将召开的 IMO/ITU 水上无线电通信事宜联合专家组会议的议程中。德国代表指出目前 AMRD 分为影响航行安全和不影响航行安全两类,航行安全无具体定义,未来可能需要对 AMRD 的定义进行修订。

分委会最终同意将 ITU-R M.493-4 建议书的修订和 AMRD 相关事宜纳入 IMO/ITU 联合专家组会议的议题。

十二、对 ITU 世界无线电通信大会相关事宜的回应

本次会议审议了 IMO/ITU 联合专家组主席提交的第 12 次会议报告(NCSR 4/16),注意到了会议上所制定的 WRC-19 水上业务相关议题的 IMO 初步立场,指示下一次 IMO/ITU 联合专家组会议进一步就 WRC-19 相关议题制定 IMO 立场草案,并向 NCSR 第 5 次会议提交报告。同时,会议同意 2017 年 7 月 10 日—14 日在伦敦 IMO 总部召开 IMO/ITU 联合专家组第 13 次会议,并通过了工作组所提交的第 13 次会议议程。

十三、GMDSS 卫星服务发展

本次会议审议了国际搜救卫星组织(Cospas Sarsat)提交的 Cospas Sarsat 系统进展报告(NCSR 4/18/4)。

本次会议重点审议了国际移动卫星组织(IMSO)提交的年度报告(NCSR 4/18),以及国际移动卫星公司(INMARSAT)为 GMDSS 认可移动卫星通信业务应承担的公共服务义务。

会议还审议了英国提交的认可使用 INMARSAT 公司提供用于 GMDSS 船队宽带(FBB)海上安全数据业务的提案(NCSR 4/18/3)。经讨论,会议形成以下观点:认同 FBB 地面部分可视为已有 GMDSS 的一部分,然而卫星部分视为新的系统或服务,因此应当遵照 A.1001(25)决议所规定的流程;Inmarsat FBB 海上安全数据服务用于 GMDSS 应该被视为一项新的应用,但是并不是所有 A.1001(25)决议中所列元素均需要进行评估;对其所进行的技术和操作评估由 IMSO 依照 A.1001(25)决议进行,内容至少应该包括海上遇险和安全通信功能、优先级接入、预恢复与备用卫星标识和信息、接收遇险告警、海上移动终端控制等。

十四、修改 406 兆赫兹 EPIRB 性能标准以包括 MEOSAR 和第二代示位标

本次会议审议了美国提交的建议修订 406 兆赫兹紧急无线电示位标(EPIRB)性能标准的提案(NCSR 4/19);审议了澳大利亚提交的 121.5 兆赫兹寻址信号(Homing Signal)占空比的

测试的提案(NCSR 4/19/1);审议了英国提交的修改 EPIRB 性能标准的评论性提案(NCSR 4/19/2)。

经审议,本次会议决定暂不对 EPIRB 性能标准修正草案定稿,同时鼓励感兴趣的缔约国开展更多的操作性测试并将测试结果提交给 NCSR 第 5 次会议。

十五、进一步完善全球海上搜救服务

本次会议审议了秘书处提交的根据《1979 年国际海上搜寻救助公约》(SAR 1979)要求的海上搜救区域的通知协定、安排和备忘录现状提案(NCSR 4/20)。

本次会议还审议了美国提交的基于两个全球搜救倡议的搜救机构、搜救区域细节和添加搜救专家的提案(NCSR 4/20/1)。会议认为全球航空遇险和安全系统战略计划(GADSS ConOps)和 MEOSAR 的实施,增加了海事和民航主管部门以及其提供的搜救服务之间的协调合作,有必要扩大搜救专家参与相关会议的范围。

本次会议也注意到 GISIS 中的搜救信息不完整且没有及时更新,同意探索更可靠、实用的方法以便于各国将搜救信息输入 GISIS 系统,并要求未在 GISIS 全球搜救模块中提供信息的成员国提交信息,并及时更新信息。

十六、海空搜救协调程序导则及搜救培训事宜

本次会议审议了 ICAO/IMO 海空搜救协调联合工作组第 23 次会议报告;起草了 SAR.7/Circ.12 搜救通函修正案草案等内容。

1. ICAO/IMO 联合工作组第 23 次会议报告

工作组对报告中 2.2~2.4 段,2.12 和 2.14 段进行了讨论,考虑 GADSS ConOps 计划的实施和国际民航公约附录 12 的修改可能带来的变化,以及海事和民航主管部门协调合作的重要性,工作组建议分委会敦促成员确保其民航和搜救部门注意到这些变化,并加强彼此间的合作。结合由国际海上救助联盟(IMRF)提供的如何分享搜救行动和演习经验教训的信息,分委会鼓励成员国利用 IMRF 平台资源促进分享经验,并考虑提供在海上搜救领域可供 IMRF 使用的其他信息。会议审议通过了 ICAO/IMO 联合工作组第 24 次会议议程、会议时间以及更新的行动项目清单。

2. SAR.7/CIRC.12 文件修订草案等内容

会议审议通过了由秘书处提交的 SAR.7 文件修订草案,海上搜救机构或联合搜救机构应持有的文件和出版物清单,完成了 SAR.7 通函修正案的草稿。

十七、国际航空航海搜救手册的修订

本次会议审议了国际航空和海上搜寻救助(IAMSAR)手册修正联合工作组第 23 次会议的报告(NCSR 4/21)。

会议审议了由美国提交的经认可 GMDSS 移动卫星系统 IAMSAR 手册常用术语修正案建议的提案(NCSR 4/22)。经讨论,会议同意更新 IAMSAR 搜救手册中对 GMDSS 通用术语的使用,并鼓励成员国将其他可能的修订提交 ICAO/IMO 联合工作组第 24 次会议审议,并于 2019 年版 IAMSAR 搜救手册中进行修订。

十八、搜救中心与客船合作计划编制导则的修订

本次会议审议了 ICAO/IMO 联合工作组第 23 次会议报告附件的附录 G 中所列的客船与搜救中心合作计划编制指南修订稿，经简单修订删除了原指南修订稿第 7.7 段和 8.10 段中"for a Particular Ship"的字样，对直升机降落安排的具体事宜做出了一些修订。会议通过了指南修订稿。

十九、IMO 安全、安保及环境公约相关的规定统一解释

本次会议讨论了本议题下收到的 5 份提案，分别如下：

1. 关于 VDR/S-VDR、AIS 和 EPIRB 的年度测试（NCSR 4/24）

会议认可了国际船级社协会（IACS）的提议，同意制定 MSC 通函以规定 VDR/S-VDR、AIS 和 EPIRB 的年度性能试验应在检验与发证协调系统中的年度检验/定期检验/换证检验的时间窗口内执行，但不迟于相关证书签署/换发检验完成的日期。

2. 对避碰规则的解释（NCSR 4/24/1）

会议指示航行安全工作组对该提案进行讨论。经讨论，会议认为在缺乏其他替代方案的情况下，lACS 提交的对舷灯的垂向光弧的统一解释是一个很好的临时性措施，该澄清对工业界很有必要。最终，会议通过了该提案。同时，为根本性解决此问题，分委会邀请感兴趣的成员联合 IACS 向 MSC 提交对避碰规则修订的新计划产出提案。

3. 对引航员登离船装置性能标准的解释（NCSR 4/24/2、NCSR 4/24/3 和 NCSR 4/INF. 12）

日本提出将"引航员梯的踏板'无结'"解释为"不包括硬结硬木"，遭到多国代表团反对，会议认为 A. 1045(27)决议中的要求简单易懂，不需要为此制定统一解释，因此并未通过该项提议。同时，会议要求 ISO 加快对登乘梯相关标准 ISO 799 和 ISO 5489 的复审工作。

二十、其他事项

本议题（议题 27）审议了 IHO 等提交的启动 IHO 和 IMO 数据建模协调组的建议（NCSR 4/27）。

针对其他事项的讨论，会议形成以下建议：一是同意启用 IHO/IMO 数据模型协调工作组，并于 2017 年 10 月召开首次会议；二是同意成立极地规则相关事项通信工作组；三是同意成立修订搜救任务协调员①的 IMO 示范课程 3.14 审议小组；四是同意按 MSC.1/Circ.1460/Rev.1 通函对《高频和甚高频设备有效性导则》进行修订，进一步明确中频窄带印字报和甚高频设备的更新从 2017 年 1 月 1 日延迟至 2024 年 1 月 1 日。

二十一、NCSR 分委会第 5 次会议会期、选举主席和副主席

NCSR 分委会第 5 次会议会期暂定为 2018 年 2 月 19 日—23 日在英国伦敦召开。NCSR 分委会还按 MSC 会议规则选举了 2018 年度主席和副主席，荷兰的 R. Lakeman 先生当选为 NCSR 分委会新一年度主席，新西兰的 N. Clifford 先生为副主席。

---

① 详见 IAMSAR Manual 第 2 卷。

防止污染与反应分委会第 4 次会议

时间:2017 年 1 月 16 日—22 日　　　　**主席:**S. Oftedal（挪威）

会议期间开展工作的各类小组:化学品安全与污染风险评估(ESPH)工作组;近海供应船(OSVs)限量运输和处理有毒有害液体物质规则工作组;防止船舶造成空气污染工作组;压载水管理手册制定起草组;OPRC 培训示范课程起草组

委员会决定成立的通信组(CG):制定 IMO 溢油分散剂导则第Ⅳ部分通信组;国际航运排放的黑炭对北极的影响通信组;船上废弃物焚烧标准通信组

主要议题审议进展:

一、ESPH 及相关修正案

（一）清洁剂的评估

会议根据 MEPC.1/Circ.590(修订的货舱清洁剂导则)审议了 14 种清洁剂,其中 12 种满足要求。另外两种不满足要求是因为一种不属于货舱清洁剂,另外一种为《国际散装运输危险化学品船舶构造和设备规则》(以下简称"IBC 规则")中第 17 章的货品,不在 MEPC.1/Circ.590 评估的范围之内。

（二）散装液体物质的分类及相关事宜

会议提醒各成员和产品生产商注意,将有 41 种货品的三方协议从 2017 年 12 月起失效。GESAMP/EHS 工作组第 54 次会议将在 2017 年 5 月 22 日—26 日召开,新货品相关材料需在 2017 年 4 月 7 日前提交。

（三）对 IBC 规则第 17、18 和 21 章的修订

由于对甲醇毒性的审议没有达成一致,还需要 GESAMP/EHS 工作组做更多的工作,会议将此项工作与第 21 章的修订工作分开。会议审议并批准 ESPH 工作组提交的对 IBC 规则第 21 章的修正案草案,拟提交 MEPC 第 71 届会议和 MSC 第 98 届会议批准。会议提请各方继续向 ESPH 工作组提交相关信息,并继续完成第 17 章和第 18 章修正案的起草工作。

（四）对散装运输液体物质评估指南(MEPC.1/Circ.512)的修订

会议审议了对 MEPC.1/Circ.512 的修订,在船型的指定上经过了反复的讨论,最终未达成一致意见。工作组同意在会间开展工作,将草案提交给 ESPH 第 23 次会议进行审议,以期在 PPR 第 5 次会议上通过并在 MEPC 第 73 届会议上得到批准。

（五）OSVs 回装受污染的散装液体最低运输要求

会议完成指定 OSVs 回装受污染的散装液体最低运输要求,新增 2 个通用条目纳入 IBC 规则第 17 章和 MEPC.2/Circ 中。污染类别均被指定为 X 类,并要求使用 2 型船进行运输;新增 IBC 规则对载运离岸受污染液体物质船舶硫化氢探测设备的特殊要求。

（六）MARPOL 附则Ⅰ或附则Ⅱ产品分类评估指南

分委会审议了以高能燃料为例的 MARPOL 附则Ⅰ或附则Ⅱ产品分类评估指南草案，经讨论后认为仍有一些问题需要进一步讨论，例如以贸易名称进行运输的货物如何处置、货物残余经排油监控系统排放是否有效需要进一步验证、含有生物燃料的产品如何分类评估等。经过审议，会议工作组同意用流程图的方式进行评估。考虑到可能出现的各种情况，会议同意由 ESPH 工作组确定货品属于 MARPOL 附则Ⅰ或附则Ⅱ适用货品的评估，在最终发布 MEPC 通函之前，发布一个 PPR 通函，包括评估原则的一般信息，为确定三方协议所用。

二、MARPOL 公约附则Ⅱ关于高黏度和持久性货品残余物及洗舱水的要求

会议审议了多种开展对高黏度持久性货品残余物及洗舱水要求的管理方式，讨论了各种方式的利弊，同意采取一种集中方式结合的新方法，即在已知影响区域的基础上指定适用的地理区域，并列出临时适用的货品或类别清单。临时货品清单应基于已经了解到的对北海、波罗的海、北大西洋和爱尔兰海岸有影响的物质制定。

关于对识别出的持久性漂浮物的预洗要求，会议同意在 IBC 规则中增加 16.2.7 段，并将其填写在第 17 章的 o 栏中需要进行预洗的优先物质部分，并据此起草了对 MARPOL 附则Ⅱ第 13 条和 IBC 规则的修正案，提交 ESPH 第 23 次会议审议。

三、制定《近海供应船散装运输和处理限量有毒有害液体物质规则》

会议完成了《近海供应船散装运输和处理限量有毒有害液体物质规则》（以下简称 OSV 规则）的最终草案，并起草了大会决议草案，拟提交 MEPC 第 71 届会议和 MSC 第 98 届会议通过，提交第 30 届大会批准。

根据会议通过的最终草案，OSV 规则的建议生效时间为 2018 年 7 月 1 日，对 2018 年 7 月 1 日以后建造的 OSV 新船，将按照新生效的 OSV 规则进行设计和建造。

对于 1990 年 4 月 19 日以后根据 A.673(16) 建造的现有船，大部分为 3 型船，如果也满足 OSV 规则除第 2 章稳性要求以外的其他要求，经过主管机关同意可以载运 2 型船载运的货品。

对于 2018 年 7 月 1 日以后改装载运 OSV 规则规定货品的船舶，不参考其建造日期，从其改装之日起即按 OSV 规则进行要求。但是从一种 OSV 货品改装载运另一种 OSV 货品的船舶不算做改装。

回装载运污染的液体物质要求（OSV 规则第 15 章）适用于新造船和现有船。

四、压载水管理

（一）压载水取样分析指导性文件的修改

会议审议了英国轮机工程及海事科技学会（IMarEST）提交的压载水取样标准取样口的提案。国际标准化组织（ISO）表示其正在修改压载水取样标准（ISO 11711-1），希望 IMarEST 能够参与此项工作。该提案得到了一些代表原则上的支持，但是也有部分代表表达了对船上安排和标准取样口是否适用于所有船舶的担忧，一些代表认为 ISO 的标准更适合解决这一问题。分委会请 IMarEST 考虑各方提出的信息，对提案进行完善并向 PPR 第 5 次会议提交。

考虑到压载水取样符合性检验的不确定性，土耳其提出修改公约第 9 条以反映《压载水公约港口国监督导则》提出的 4 步检查方法。该提议虽然得到了一些代表的支持，但是分委会没有通过这一建议。考虑到公约生效后，需要进一步完善《压载水取样和分析导则》，分委会请 MEPC 将此项工作的完成日期延迟到 2019 年。

（二）压载水管理系统型式认可导则的审议

分委会注意到 MEPC 第 70 届会议通过了《压载水管理系统型式认可导则》（以下简称 G8 导则）的修正案，并被邀请继续跟进生物存活性检测方法和系统设计极限的制定工作。

对于 $10 \sim 50~\mu m$ 的存活生物检测方法、FDA/CMFDA 活体染色计数法和稀释培养测数法得到了原则上的支持。本次会议成立的压载水起草组审议了所有相关文件，在尽量保持文件与公约和相关导则的一致性的同时，起草了《压载水管理系统型式认可中存活生物技术方法指导性文件》，将提交 MEPC 第 71 届会议批准后作为 BWM 通函散发。分委会表示此指导性文件仍保持开放状态，如果有新的方法或有信息证明需要修改将及时进行完善。

压载水管理系统设计极限的建议得到了原则上的支持，考虑到在 G8 导则审议过程中已经开展过相关的工作，分委会同意收集更多的信息来制定相关的指导性文件。

（三）《压载水管理——如何做》手册的制定

起草组继续就压载水管理手册中遗留在方括号中的内容开展工作。对于 MEPC 已经有结论的部分，本次会议完成了与免除 G8 导则审议有关的内容；对于 MEPC 没有完成的部分，本次会议完成了与压载水管理实施（规则 B-3 条）有关的内容；对于取样和分析方法的内容，起草组认为在 MEPC 第 71 届会议继续这项工作比较合适。对于压载水记录簿的展期，起草组修改了相关内容以保持与公约规则 B-2.2 条一致。对于给船级社在化学方法处理设备的安装指导上，手册提供了一般性的指导而不是识别出具体风险的内容。

五、国际航运排放黑炭对北极的影响

针对黑炭排放测量问题，部分代表团认为多角度吸收测光仪（MAAP）需要排除在外，纳入热光学分析仪（TOA），但会议最终讨论认为现阶段不宜排除任何一种测量方法[①]，且需要在后期自愿性测量研究中考虑发动机速度、负荷、燃油类型这些可能影响黑炭排放的因素，特别是注意对低速发动机和使用0.5%代表性低硫燃油在不同负荷下的黑炭排放。

工作组认为后续有如下需完成的目标：完成测量研究；推荐可用的测量方法以便确定最合适的黑炭测量方法；探究影响北极黑炭排放因素。因时间限制，会议决定成立会间通信组，以完善自愿性研究方案并向 PPR 第 5 次会议报告。

由于收集数据和研究工作仍需花费大量时间，因此分委会调整了此议题下各项任务的完成时间，并提交 MEPC 第 71 届会议批准，拟将此议题的完成时间推迟到 2019 年。

六、防止船舶造成空气污染

（一）船上废弃物焚烧标准

会议认为美国提出的现有技术标准草案需要重新架构，对 MARPOL 附则Ⅵ的修改也需要进一步考虑，比如 IAPP 证书。由于时间限制，工作组没有完成此项工作，将安排会间通信组

---

① 除 MAAP 和 TOA 外，测量仪器还包括：Ⅱ-激光诱导炽热仪、FSN-滤纸式烟度计、PAS-光声分光仪。

继续推进此项工作。分委会同意将这项工作的完成时间推迟到 2019 年。

（二）废气再循环排放水导则

会议完成了《废气再循环（EGR）排放水导则》的制定。根据讨论，会议同意该排放水禁止在极地排放，增加了存储舱中排放水的排放要求，并引入了检验和发证条款。该导则将提交 MEPC 第 71 届会议通过。

七、消油剂导则第Ⅳ部分的更新

PPR 第 2 次会议上成立的会间通信组向本次会议提交了报告，导则的更新取得了很大进展。分委会同意通信组继续工作，完成消油剂导则第Ⅳ部分的更新工作，并向 PPR 第 5 次会议提交报告，提交 MEPC 第 73 届会议批准。

八、OPRC 培训示范课程的更新

起草组根据收集到的信息和材料对课程进行了更新。起草组同意秘书处提出的建议，在正式出版之前，将课程中所有的统计数据更新。秘书处也将收集相关资料，以替换课程中质量不佳的图表。起草组也同意秘书处对课程中的语言进行调整以保持各语种版本的一致性。秘书处将按照既定程序发布更新版的示范课程。

九、IMO 环保类国际公约有关条款的统一解释

（一）压载水公约 B-4 条的统一解释

韩国于 MEPC 第 70 届会议时提交了关于压载水公约规则 B-4 条（压载水更换）的统一解释提案。分委会提醒，只有当公约生效后，缔约国才可以批准统一解释。与会代表对是否需要统一解释及解释的内容不能达成一致，分委会请各方向下一次会议提交相关提案。

（二）MARPOL 附则Ⅰ第 36 条的统一解释

会议再次审议了 OCIMF 和 INTERTANKO 重新提交的关于近海终端输油管排水分类的澄清，同意该终端冲洗水应归类为 MARPOL 附则Ⅰ第 36.2.10 条"残油的处理"，并在油类记录簿第Ⅱ部分 J 项进行记录。

十、电子记录簿的使用

分委会注意到电子记录簿的使用得到了广泛支持，且有些国家鼓励开展试验或已经开始使用电子记录簿，认为有必要加快电子记录簿使用指南和相关的 MARPOL 公约及统一解释修正案的起草工作。经过讨论，分委会同意电子记录簿应与 MARPOL 公约附则要求的格式相同，以保证从纸质记录簿到电子记录簿的平稳过渡。

对于其他电子文件的使用，如原油洗舱操作手册、船上油污应急计划、P&A 手册、垃圾管理计划等，分委会认为都需要经过主管机关批准，与使用电子证书的程序相似。分委会应尽快完成相应的导则，但是现阶段对电子文件的批准过程不能与目前的批准过程有不同之处。

分委会请秘书处起草 MARPOL 公约、相关统一解释及港口国监督导则的修正案，使电子记录簿和电子文件具有法律效力。

十一、2011 年选择性催化还原系统导则的修改

会议同意维持由单一的申请者对配备 SCR 的发动机负责的条款，同意 Scheme B 是

Scheme A 的等效替代方式并就此修订《2011 年选择性催化还原系统导则》(以下简称"SCR 导则")。形成的 2017 年 SCR 导则草案将报 MEPC 第 71 届会议通过。同时,会议建议对 NO_x Code 做相应修订(此项为新工作),将报 MEPC 批准。

十二、其他事项

(一)发动机使用多工作区间(Maps)导则的制定

继 MEPC 之后,挪威再次提议对《发动机使用多工作区间导则》开展新工作项目,美国继续持反对意见。经过讨论,工作组制定了"发动机多工作区间"(Maps)定义,成员对此定义并未达成一致。分委会同意将此项议题作为一项新产出,工作范围设定为考虑是否允许发动机使用多工作区间,如果同意则考虑如何修订 MARPOL 附则 Ⅵ 和 NO_x Code,如果不同意则考虑如何在 MARPOL 附则 Ⅵ 和 NO_x Code 中予以明确。

(二)全球实施 0.50% m/m 燃油硫含量标准

对于起草一个"可能增加一个什么样的额外措施以促进全球统一执行 0.50% 硫含量"的新产出,会议讨论决定用"MARPOL 附则 Ⅵ 第 14.1.3 条"的写法替代"全球 0.50% 硫含量限制",且产出范围应该扩大,如"验证、控制机制和行动"应涵盖船旗国、燃油供应国、港口国,以便确保实施的一致性。

分委会批准了工作组起草的新产出的理由和工作范围,将报 MEPC 第 71 届会议批准,并请各方就新产出向 MEPC 第 71 届会议提交提案,批准后由 PPR 第 5 次会议制订工作计划;同时建议将此项工作作为高优先任务在 2019 年完成,为此将举行会间会开展工作。

船舶设计与建造分委会第4次会议

时间:2017年2月13日—17日　　　　主席:K. Hunter(英国)

会议期间开展工作的各类小组:分舱和破损稳性工作组;完整稳性工作组;消防工作组

分委会决定成立的通信组:分舱和破损稳性通信组(SDS)

主要议题审议进展:

一、修订SOLAS公约Ⅱ-1/6条和Ⅱ-1/8-1条

本次会议成立了分舱和破损稳性工作组,对SOLAS公约第Ⅱ-1章分舱与破损稳性要求及其相关解释文件进行了修订完善。

1.在对第5.4条的解释中,新增了改装船舶的重心垂向位置超过1%时,也需要重新进行倾斜试验内容;对改装船舶,当计算偏差超过第5.5条规定值的一半或重心垂向位置变化超过0.5%时,需要修订稳性资料。

2.在对第7.7条的解释中,紧邻或尽可能接近舱壁或甲板的管道和阀门,可以视为舱壁或甲板的一部分,前提是其分隔距离与舱壁或甲板的加强结构尺寸是一个量级。此原则同样适用于小的凹槽、排水井等。为避免产生混淆和误解,本次解释删除了其中的图示。

3.新增对第17-1条的解释,采纳了挪威的建议,即第17-1.1.1条和第17-1.1.3条仅适用于直接连接滚装处所与舱壁甲板以下其他处所的通道口。对于安装在滚装处所和其他处所的隔离舱壁上的门,应该满足23.3条规定的限制性要求。

会议起草了MSC决议草案——《经修订的SOLAS公约第Ⅱ-1章分舱与破损稳性要求解释性文件》,将提交MSC第98届会议批准,配套SOLAS公约第Ⅱ-1章修正案,预计于2020年生效。

二、现有客船在进水情况下给船长的稳性计算机支持

工作组重点讨论了现有客船在进水情况下给船长稳性计算机支持的要求,起草了SOLAS公约第Ⅱ-1/1条和第Ⅱ-1/8-1条修订草案,要求对2009年1月1日以后建造的第Ⅱ-1/8-1.1条所述的现有客船也需满足第Ⅱ-1/8-1.3条的要求,即船上配备计算机或岸基支持的要求。考虑到某些现有船舶难以收集全部数据,IMO将针对2014年1月1日以前建造的客船制定新的指南,要求这类船舶在SOLAS公约第Ⅱ-1/8-1条修正案生效后的[x]年后的第一次换证检验时满足要求。

会议起草的MSC决议草案——《SOLAS公约第Ⅱ-1/1条和第Ⅱ-1/8-1条修订草案》将提交给MSC第98届会议批准,预计于2024年1月1日起生效。

三、制定第二代完整稳性衡准

本次会议成立了完整稳性工作组,起草了直接计算衡准流程指南草案。

1. 直接计算衡准指南

工作组优先开展指南的制定工作,起草了指南草稿文本,但仍需进一步完善。工作组计划于 2019 年 SDC 第 6 次会议时完成指南的制定,并提交 MSC 第 102 届会议批准。

对于指南草案的总体要求,工作组研究了衡准构架是否需要修改。国际航运公会(ICS)和国际船级社协会(IACS)提出删除衡准构架中的操作指南/限制,中国代表团则提出了反对意见,会议同意暂时维持现有衡准构架不变,待进一步研究。

对于五种失效模式的数值模拟运动自由度的要求,以及软件预报精度的定量要求,会议同意维持现有要求不变。工作组认为,现有的操纵性数值模拟手段还不够成熟,因此设定相应的定量验证要求标准难以达到。此外,相关专用试验设施也比较匮乏,执行阶段存在很大困难。会议同意删除指南中相关精度定量验证要求。对于稳性失效事件发生的判断标准以及直接计算衡准的标准值,工作组分别给出了新的暂定值。此外,由于样船计算研究发现现有的第一层和第二层薄弱性衡准存在协调性问题,会议决定将继续开展直接计算衡准的样船计算研究,以协助解决该问题。

2. 第一层和第二层薄弱性衡准

工作组根据现有样船计算结果反映出的协调性问题,针对可能的解决方案开展了广泛讨论。

对于参数横摇衡准,针对日本提出的采用平均方法放弃 GZ 曲线拟合算法,改为直接采用静水 GZ 曲线进行插值计算的建议,没有达成一致意见。对于日本提出的增加航速数提议,中国代表团指出该建议实质上是修改浪向分布的基本假定,通过讨论,决定在通信组中仅考虑是否修改航速数,不采纳日本提出的修改浪向假定意见。对于参数横摇第二层衡准运动预报方法的选取,中国代表团专门介绍了中国提案提交的研究成果,工作组以此为基础开展了讨论,最终会议没有得出结论。

对于纯稳性丧失衡准,工作组同意对可能存在甲板积水现象的船舶免除适用该衡准,但对此类豁免船舶的定义有待进一步讨论。对于计入风雨密结构浮力的提议,中国代表团指出这将导致二代稳性衡准与现有强制性的气象衡准在执行方法上存在不一致的情况。工作组考虑到其重大影响,决定暂不将这一提议适用于五种失效模式,留待进一步研究。

对于瘫船衡准,会议同意会后成立通信组进一步开展具体研究工作,以解决衡准的协调性问题。

会议同意继续开展直接计算衡准的研究,完善指南草稿;继续开展第一、二层衡准的研究,改善衡准的协调性;继续研究和完善操作限制/指南。

考虑到有必要进一步开展大量的研究工作,会议决定将该议题完成日期延长一年,完成时间延长至 2018 年。

四、MSC. 1/ Circ. 1245 中客船破损控制图的第 3 节和提供给船长的信息条款的修订

根据 MSC 第 93 届会议的决定,本次会议修订了 MSC. 1/ Circ. 1245,并采纳了中国代表团提案意见,即客船破损控制图与防火控制图相同设施设备的图示符号应按照 A. 952(23)决议通过的防火控制图图示符号进行编制。修订的 MSC.1/ Circ.1245 草案新增了第 3.3、3.4 条，对破损控制图中的细节如要求彩色显示、相关图示等提出了具体要求，该通函的修订草案适用于新建客船和重大改建后的现有客船。会议起草的《客船破损控制图和提供给船长的信息指南（MSC.1/ Circ.1245）修订草案》将提交 MSC 第 98 届会议批准。

五、制定载运超过 12 名工业人员的国际航行船舶的强制性文件

本次会议基于德国提交的《工业人员规则》草案（SDC 4/8）得出了下列讨论结果：

1. 有必要在现有 IMO 法规框架体系中对 SOLAS 公约第 XV 章及相关工业人员规则进行再次审议，以确保 SOLAS 公约第 XV 章和相关工业人员规则与其他的现有 IMO 规则（HSC2000、SPS2008 及 OSV 规则）相协调以及在内容上不与其他现有 IMO 规则相重复。

2. 在《工业人员规则》中选择性地实施 HSC2000 是不切实际的，因为 HSC2000 的内容仅整体性地适用于高速船。

3. 如果船上"工业人员"也是船员，则在安全标准上不允许有任何的放宽。

4. 对"载运不超过 60 名工业人员"的船舶不适用 HSC2000 的 C 部分，而应适用现行 SOLAS 公约第 II-2 章中载客不超过 36 人的衡准。

5. 新规则的应用应限于 500 总吨及以上的货船。

本次会议决定成立会间通信工作组，根据本次会议的结果继续开展制定新的 SOLAS 公约第 XV 章的工作。

该议题计划于 2020 年完成 SOLAS 公约第 XV 章和新的 IP 规则草稿，于 2024 年生效实施。

六、制定 2011 年国际散货船和油船检验期间加强检验程序规则（ESP CODE）修正案

本次会议经过讨论后指示 IACS 和秘书处分析 2011 年 ESP 规则和本次会议讨论结果，准备一份进展报告供下次会议考虑。

由于 IACS 成员将统一实施 IACS UR Z10，本次会议请成员和国际组织在散货船和油船船体检验时注意 IACS UR Z10 的相关内容。

七、IMO 有关安全、保安和防污染公约条款的统一解释

本次会议起草了以下文件：

1. 在 IACS UI SC81 和 SC220 的基础上起草了《关于 SOLAS 公约 II-1/17-1、II-1/20-2 和 II-1/35-1 的统一解释》MSC 通函草案，将提交 MSC 第 98 届会议批准。

2. 完成了 MSC/Circ.686 的修订草案，将提交 MSC 第 98 届会议批准。修订的主要内容是将 ESP 指南更新为 2011 年 ESP 规则，并根据 SOLAS 公约的条文号和修正案进行协调性的修改，没有实质性的内容修订。

3. 在更正了 MSC/Circ.1464/Rev.1 中的 SOLAS 公约的条文号等基础上，完成了 MSC/Circ.1464/Rev.1 的勘误 Corr.2，以及经 MSC.1/Circ.1507 和 MSC.1/Circ.1545 修订的 MSC.1/Circ.1464/ Rev.1 及 Corr.1 的综合版，将提交 MSC 第 98 届会议批准。

4. 本次会议完成了对 SOLAS 公约的第 II-1/2.20 条和第 II-2/3.21 条，以及 MARPOL 公约的附则 I 第 1.23 条的统一解释，将分别提交 MSC 第 98 届会议和 MEPC 第 71 届会议批准。

对装载手册和稳性资料是否允许出现超出载重线证书中零纵倾吃水对应载重量的工况,分委会争议很大,未达成一致结论,邀请感兴趣的成员提醒 MSC 注意。

5. 关于 IACS 提交的修订 UI SC191 的建议案(SDC 4/10/2),本次会议认为超出了统一解释的范围,决定不采取任何行动。

八、修订 SOLAS 公约第 II-1/3-8 条和相关指南(MSC.1/Circ. 1175)、制定船舶安全系泊操作新导则

本次会议经讨论得出了以下结果:

1. 一些术语如"泊位配置""码头工人""有效性""健康""独立负责人""充分"等需再考虑;

2. 大会提请 MSC GBS 工作组对导则的第 3、4 节从"功能目标性"角度提出建议;

3. 对小船的有限空间系泊甲板应考虑系泊索的类别和尺寸;

4. 应删除对船舶风险评估的要求,导则第 6 节应关注针对不同的系泊系统设备识别出最优的系泊方式;

5. 为避免误导,应删除第 7 节可接受的系泊布置及附件中的导缆器风险评估示例;

6. 任何系泊操作性指导要求应从安全系泊布置的要求中独立出来;

7. 系泊设备布置的优化应考虑到码头设备配备的影响。

根据以上讨论结果,分委会决定成立会后通信工作组,对 SOLAS 公约第 II-1/3-8 条的修订及其支持性导则草案再进行深入讨论。

考虑到上述工作尚需时日,该项工作完成时间将延长至 2019 年。

九、船舶结构中使用 FRP 材料临时导则

本次会议成立了消防工作组,完成了对《船体结构中使用 FRP 材料临时导则》的起草工作,明确了 FRP 材料"元构件"的定义和船上可准许使用 FRP 材料"元构件"的结构种类。

1. 对 FRP 材料"元构件"的定义

元构件是指其被移除后不削弱船舶"安全性"的结构。

2. FRP 材料"元构件"的结构种类

对《船体结构中使用 FRP 材料临时导则》草案中主甲板以上和以下可准许使用 FRP 材料"元构件"的结构进行了讨论,认为以清单形式只列举两类可准许使用 FRP 材料"元构件"的结构即不参与船舶总体强度的"集成结构"和通过机械或化学连接方式连接于船体的"组件"即可,待合适时机再对清单内容进行精简或扩充。

会议提请各成员和国际组织在对船舶结构使用 FRP 材料进行等效替代设计认可时,试行该临时导则,应用 4 年后再对其进行必要的修订。该导则草案将提交 MSC 第 98 届会议批准。

十、SDC 第 5 次会议议程和双年度计划

对《国际极地水域航行船舶规则》扩展到非公约船和渔船的建议,考虑到 SSE 和 NCSR 将讨论该规则的后续工作,本次会议决定在没有得到 MSC 的明确指示前不采取任何行动。

十一、其他事项

中国作为本次会议的联络人向会议提交了非正式工作组会间开展《地效翼船暂行导则》审议工作的进展报告（SDC 4/15）。

会议期间，中国代表团与所有联合提案方都进行了沟通，积极争取其他国家和国际组织代表支持 IMO 开展《地效翼船暂行导则》的修订工作。会上，中国代表联合提案方介绍了《地效翼船暂行导则》修订的进展情况，并对下一步的工作提出了建议，俄罗斯、美国、法国、韩国、国际航运公会（ICS）等国家和国际组织的代表发言表示支持。

分委会做出如下决定：

1. 在采取进一步行动之前，本分委会应先行考虑和审议制定出来的《地效翼船暂行导则》修订草案的综合文本，以及其他相应文件的修订草案。

2. 同意在会间以非正式方式推进该工作，并向 SDC 第 5 次会议提交修订《地效翼船暂行导则》的综合文本草案，由中国继续担任联络方。

3. MSC 已同意将"地效翼船导则"议题重新列入 SDC 第 5 次会议的临时议程，并将在会议期间成立专门的起草组。

十二、下次会议日期安排

下次会议定于 2018 年 1 月 22 日—26 日召开，会上预计将成立 5 个工作组或起草组：分舱与破损稳性、完整稳性、安全系泊操作、载运 12 名以上工业人员和地效翼船。

会间将成立 4 个通信组和 1 个非正式工作组：分舱与破损稳性、第二代完整稳性、载运 12 名以上工业人员和安全系泊操作通信组，地效翼船非正式工作组。

船舶系统与设备分委会第 4 次会议

时间:2017 年 3 月 20 日—24 日　　　　**主席:**Susumu Ota(日本)

会议期间开展工作的各类小组:消防工作组;救生设备工作组;起货设备工作组

分委会决定成立的通信组:船用起重设备和绞车通信组;救生通信组

主要议题审议进展:

一、SOLAS 公约第 Ⅱ-1 章和第 Ⅲ 章替代设计和布置的安全目标和功能性要求导则

本议题下共收到 3 份提案。会议审议讨论了制定 SOLAS 公约第 Ⅲ 章功能性要求通信组的报告,主要观点认为:通信组应进一步审议考虑功能性清单应注重措辞和结构;SOLAS 公约第 Ⅲ 章的功能性要求和性能应确定优先项,功能性要求的完整性审核应为本次会议的优先工作项;本次会议应起草确定未来 SOLAS 公约第 Ⅲ 章的框架草案等。

会议期间成立了救生设备工作组,以通信工作组报告附件 1 为基础,综合考虑美国与中国提案的相关内容,制定了 SOLAS 公约第 Ⅲ 章功能性要求和预期表现草案文本,提交 MSC 第 98 届会议批准。会议认为现阶段难以制定定量化的预期表现,但后续有必要制定更为量化的预期表现,暂不将功能要求草案扩大到 SOLAS 公约第 Ⅲ 章之外,同时建议对 SOLAS 公约第 Ⅲ 章功能性要求和预期表现制定采取进一步量化的行动。会议还搜集了通信组工作期间及工作组工作期间对于应用第 1394 号通函制定 SOLAS 公约第 Ⅲ 章功能性要求所获取的经验,并批准了第 1394 号通函应用经验并提交 MSC 第 98 届会议考虑。

二、救生艇/救助艇及其降落和释放机构维护、检验、试验及检修要求(MSC.1/Circ.1206/Rev.1)的强制化

本议题下共收到 2 份提案。会议指示救生设备工作组完成《使用救生艇进行弃船演习安全导则》及《救生艇系统操作和维护手册编制导则》草案。考虑到修订《使用救生艇进行弃船演习安全导则》的目的是保障演习操作的安全,救生艇试验应在其他文件中体现,删除了导则中关于救生艇试验的部分。会议同意了《使用救生艇进行弃船演习安全导则》及相关 MSC 通函,并提交 MSC 第 98 届会议批准;还同意了《救生艇系统操作和维护手册编制导则》(MSC.1/Circ.1205)修正案及相关 MSC 通函,并提交 MSC 第 98 届会议批准。

三、国际救生设备规则(LSA)6.1.1.3 的统一实施方法

本议题下收到了 1 份韩国提交的提案。会议指示救生设备工作组审议了韩国提交的关于 LSA 规则第 6.1.1.3、6.1.2.2 条的修正案草案。工作组认为 SLS.14/Circ.166 中的信息对制定量化的标准有借鉴意义,大多数代表团同意该修正案适用于 700 kg 及以下的救助艇。关于该修正案的适用范围,即仅适用于货船还是同时适用于货船和客船,工作组未达成一致。经讨论,工作组认为 LSA 规则第 6.1.2.2 条不必进行修订。

分委会认为可在一定范围内允许专用救助艇的手动操作并同意了该修正案,该修正案适用于 700 kg 以下的救助艇，且仅适用于货船。中国提出的明确手动操作降落装置的限制要求的建议（限制操作人数、操作范围、最大操作力等）均被采纳。

四、2009 年海上移动式钻井平台构造和设备规则（MODU）、LSA 规则和 MSC. 1/Circ. 1206/Rev. 1 的审议

本议题下共收到 1 份提案。会议同意了 2009 年 MODU 规则的修正草案。该修正案主要涉及救生、消防、危险区域机电设备维持运行的要求及操作性要求等方面，是海工平台的强制性文件，适用于新建设施。该修正案草案及其 MSC 决议草案将提交 MSC 第 98 届会议审议通过。

这次修改主要对消防和救生方面产生比较大的影响，尤其是防火结构新增了 H 级的要求，涉及海洋平台防火结构的设计以及产品认可（包括试验验证）均需要满足该要求；救生方面考虑了乘员平均体重的地区化差异，提出了训练专用救生筏的具体技术要求。

五、国际消防安全系统规则（FSS）中关于甲板下通道 CO_2 管路要求的修订

本议题下共收到 1 份提案。会议审议了中国提交的 SSE 4/7 关于修订 FSS 规则甲板下通道 CO_2 管路新增要求建议的提案，指示消防工作组继续讨论审议具体的甲板下通道管道的消防安全措施。

消防工作组对此议题进行了讨论，虽然分委会认为 CO_2 在释放时存在对人员的伤害风险，但由于缺乏事故数据、焊接成本分析等证据，最终决定在目前阶段不采取任何行动。因此，工作组邀请有兴趣的代表团可以向下一次会议提交相关证据材料做进一步考虑。

六、船上起重设备及绞车要求

本议题下共收到 6 份提案。会议认为船上起重设备及绞车安全技术要求应包括在 SOLAS 规则第 II-1 章中；避免船舶安全证书无效的补充要求应包括在 SOLAS 规则第 XI-1 章中；应在 SOLAS 规则中制定一个新章节来承载船上起重设备及绞车安全措施的要求；船上起重设备及绞车安全的检验与发证制度不同于船舶建造和结构，新规定不应包括在 SOLAS 规则第 II-1 章中。分委会同意在 SOLAS 规则第 I/11（a）中制定必要检验与发证原则以支持港口国监督对船上起重设备及绞车安全措施新规定适用的检查要求。

会议成立了船上起重设备及绞车安全措施工作组，工作组讨论并制定了关于船用起重设备的 SOLAS 规则修正案草案，研究考虑了进一步制定船用起重设备和绞车相关指南的工作建议。SOLAS 规则修正案草案包括船用起重设备的定义，规则的适用范围、目标及功能性要求。会议认为锚操作绞车将与船用起重设备一起，考虑在规则的第 II-1 章中体现，而船用起重设备要求适用的最小安全工作负荷尚未达成一致意见，功能要求对现有船的适用范围主要体现在操作和维护要求方面。

会议审议并同意了 SOLAS 规则修正案第 II-1 章修正案 Part A-1 第 2 条、第 3-13 条，将提交 MSC 第 98 届会议批准。

会议同意成立船用起重设备和锚操作绞车安全措施会间通信组，由日本作为协调方开展工作，考虑制定相关指南。

七、动力定位船舶导则修正案

本议题下共收到 2 份提案。会议原则批准了动力定位系统通信组报告,同意了针对年度检验日期的建议,同意《动力定位船舶导则》对现有船舶继续有效。

会议审议并同意了《动力定位船舶导则》修正案,拟提交 MSC 第 98 届会议批准。《动力定位船舶指南》作为新的产出,不再作为原《动力定位船舶指南》(MSC/Circ.645)的修正文件,原《动力定位船舶导则》(MSC/Circ.645)对现有船舶仍然有效。新指南增加了培训章节,操作要求部分也适用于现有船舶。

八、SOLAS 公约和相关文件中脱险通道的标示和设备位置指示要求的修订

本议题下共收到秘书处提交的 1 份提案。会议审议同意了"船上脱险通道标示和设备位置标识"的大会决议草案,将提交 MSC 第 98 届会议审议,继而由第 30 届大会(A30)批准。该决议草案主要提供了涉及消防和救生方面的与脱险通道和应急设备相关的图形符号和标识,适用于 2018 年 1 月 1 日及以后建造的船舶,或者 2018 年 1 月 1 日及以后符合 SOLAS 公约第 Ⅱ、Ⅲ 章所定义的重大改装的船舶。本次会议还明确了该决议草案中无须增加由中国向 HTW 第 4 次会议建议的解释性文字。该决议草案将替换 A.760(18)决议。

九、SOLAS 公约第 Ⅱ-1 章分舱和破损稳性规则的修订

本议题下共收到 2 份提案。会议审议了通信工作组关于水密门防夹保护装置的报告,认为目标信息和风险分析结果对寻求安全可行的方案和避免不利影响是必要的,提请各成员国提供目标信息和风险分析结果,并将该工作的完成期限延至 2019 年。

十、IMO 安全、保安、环保相关公约的统一解释

本议题下共收到 15 份提案。SSE 第 4 次会议审议了救生设备统一解释、消防安全统一解释、消防安全事宜的澄清和 SOLAS 公约第 Ⅱ-1 章的统一解释等。

1. 会议同意对液货船惰性气体系统相关规定的统一解释,确定驾驶室与由驾驶室唯一通道进入的海图室之间耐火完整性为 B-0 级,同意对 SOLAS 公约第 Ⅱ-2 章第 4.5.7.1 条提及的便携式气体探测仪适当校准方法按 MSC.1/Circ.1561 的统一解释施行,完成液货舱货物区域内处所应用 SOLAS 公约第 Ⅱ-2/9 条处所分类的统一解释,完成对 MSC.1/Circ.1275 有关手提式灭火器间距不超过 20 m 的勘误。

2. 中国提交的《关于减震降噪材料试验要求的统一解释》,因实质是对公约和规则的修订,同时认为作为防火分隔中的防火部件应满足不燃性和耐火分隔要求,故分委会不采取任何行动,请中国向 MSC 提交新增工作计划。

3. 会议审议了对 SOLAS 公约第 Ⅱ-2 章第 7 条所要求的货船上手动报警按钮布置的澄清 UI SC241,认为解释文本与 SOLAS 公约相冲突,已形成修订,因此未获通过。但也同意目前 MOCP 存在一些实际的设置方式,拟将会议的讨论情况通知 Ⅲ。IACS 对此表示目前会继续执行 SC241,除非主管机关有不同的书面解释文本。

4. 会议审议了对外部脱险通道最小宽度的澄清,仍维持"SOLAS 公约和 FSS 规则的要求,外部脱险通道的最小宽度由船旗国主管机关确定"的观点,未获通过。IACS 表示此事来源于

在港口国监督检查中不同的执行标准，一直是一个确实需要解决的问题，请求分委会在报告中明确港口国的做法不应挑战船旗国主管机关的权威。分委会同意将向 MSC 反映 IACS 的观点，并通报 III。

5. 经审议，会议未同意采用何种类型泡沫浓缩液进行泡沫枪和泡沫炮试验的澄清，以及对 SOLAS 公约第 II-2 章第 13.4.2.3 条有关货船舵机处所脱险通道的澄清（UI SC269, Rev.1）。

6. 会议认为《经修订的救生设备试验建议》[MSC81(70)]中的释放机构试验仅适用于救生设备规则中无载释放机构免除的情况。会议同意了《关于救生艇和救助艇单点吊释放系统的统一解释》草案及相关 MSC 通函，提交 MSC 第 98 届会议批准。

7. 会议审议了 LSA 规则中对登乘梯硬木踏板细节要求的统一解释，考虑到 NCSR 第 4 次会议已经考虑了相关提案并认为没有必要制定相关统一解释，因此不采取行动。

8. 会议审议了操舵控制系统的机械、液压和电气独立性统一解释，不同意相关内容，但同意了对 MSC.1/Circ.1398 中有关对 SOLAS 公约第 II-1 章第 29 条统一解释的修正草案，即主要删除 MSC.1/Circ.1398 中对 IEC 60092-204 作为参考文件的引用，将提交 MSC 第 98 届会议批准。

十一、SOLAS 公约第 II-2 章及相关规则中有关减少滚装船滚装处所及特种处所火灾事故及后果的要求审议

本议题下共收到 1 份欧洲委员会提交的信息文件（SSE 4/INF.6）。

会议提出了需要开展的工作范围和工作计划，特别是需要对五个阶段（防止火灾、早期探火、早期灭火、火灾限制和安全脱险）和三个方面（操作性要求、灭火系统要求和结构保护要求）进行考虑，涵盖所有方面。此项工作计划分成两步完成，短期是制定操作性指南，长期是制定 SOLAS 公约第 II-2 章、第 III 章、STCW 公约以及相关规则的修正案。

为此，工作包括五项主要任务：预防火源、探测和决策、灭火、限制、LSA 完整性和撤离。工作计划明确 SSE 将在 2019 年前利用三次会议完成这些工作，包括由 HTW 考虑有关培训的内容。SSE 将在有关工作范围和工作计划上报 MSC 第 98 届会议批准后开展相应工作。

十二、制定救生艇筏通风系统的新要求

本议题下共收到 2 份提案。会议审议认为，应为救生艇筏通风系统制定目标性规定而不是描述性规则，如仅制定电力通风系统规定会带来 IMO 一系列相关法律文件的修正，还应考虑自然通风系统；制定救生艇筏通风系统规定的工作应与极地航行船舶救生装置和安排的测试与性能标准相关联等。

会议指示救生设备工作组讨论提升全封闭救生艇内空气质量的方法和标准。工作组认为不应排除自然通风的方式，只要该方式能够达到相关性能标准。关于艇内每人每小时换气量数值存在较大争议，工作组未能达成一致意见。同时，会议注意到加拿大提案中还提供了换气率，考虑到换气量标准差距较大、根据已有信息不足以形成结论，因此氧气（O_2）最小含量和二氧化碳（CO_2）最大含量或两者的组合是否可作为艇内空气质量的标准，还需进一步审议确认。工作组还讨论了新要求是否覆盖部分救生艇的议题，并认为现阶段应先聚焦于全封闭救生艇。

考虑到此次会议未能形成结论,会议已成立通信工作组开展相关工作。

十三、新极地规则的后续相关工作

本议题下共收到 3 份提案。会议审议注意到,在 LSA 规则新增一章制定救生艇筏测试性能标准的基础上,LSA 规则没有包括温度效率或通风标准的内容,目前的生存保障设备和系统设计无法保证极地规则要求的至少 5 天的生存保障,鉴于规则已经生效,急需制定极地水域救生装置标准。

会议指示救生设备工作组讨论相关问题,制定极地航行船舶救生设备及布置的测试和性能标准的后续工作计划,并考虑将相关要求纳入已有文书,如在 LSA 规则和 MSC 81(70)中增加新章节,包括制定临时导则。

根据拟订的计划,SSE 第 4 次会议成立通信工作组,SSE 第 5 次会议根据通信工作组报告制定性能标准或决议,SSE 第 6 次会议完成终稿及通函并提交 MSC。会议拟成立通信工作组开展相关工作。

十四、其他事项

本议题下共收到 5 份提案。会议请各代表团考虑向 MSC 及其下设分委会提交关于重新审议 SOLAS 公约第Ⅲ章有关救生筏配备要求的新产出。

会议批准了《救生艇释放和回收系统评估和更换导则》(MSC.1/Circ.1392)修正草案及相应 MSC 通函,拟提交 MSC 第 98 届会议批准。

关于液货舱压力/真空阀的 ISO15364:2016(第 3 版)的发布,分委会注意到全会关于 ISO 15364 应该增加有关阻焰器最新进展的意见,决定不采取任何行动。

关于有关发布主管机关认可的实验室清单通函,本次会议同意了更新的实验室名单信息和能够开展的项目,邀请秘书处准备 SSE.1/Circ.3 并发布。

十五、选举主席和副主席并确定下次会议安排

全会选举了日本的 Susumu Ota 先生担任 SSE 下一年度主席,选举土耳其的 U. Senturk 先生为下一年度副主席。

全会确定下次会议于 2018 年 3 月 12 日—16 日召开,会上将成立救生设备、消防、船上起重设备、水密门防夹设施工作组及起草组,会间将成立救生设备和船上起重设备 2 个通信组。

技术合作委员会第67届会议

时间：2017 年 7 月 17 日—19 日　　　主席：Zulkurnain Ayub（马来西亚）

主要议题审议进展：

一、综合技术合作项目

（一）2016 年年报

1. 汇总

TCC 审议了综合技术合作项目（ITCP）2016 年实施结果的报告——2016 年年间共交付 237 项合作活动，活动经费达 1 380 万美元，占当年预算资源的 90%。此外，委员会还提请各成员国注意，非财政性贡献的价值也不容小觑。

委员会注意到综合技术合作项目 2016 年年报所载信息，并向所有对双边和多边技术合作信托基金提供资金帮助的捐赠者，以及为协助综合技术合作项目的执行提供实物帮助的各成员表示诚挚的感谢。与此同时，委员会还表示，ITCP 2016 年年报将会公布在 IMO 网站的技术合作板块中。

2. 2016 年海事英语师资培训课程的相关情况

委员会审议了韩国提交的 2016 年海事英语师资培训班实施结果文件。委员会感谢韩国提交的文件，并指出，有关建立海事英语师资培训课程的建议应提请 MSC 审议。秘书处指出，鉴于大量示范课程需要更新，海员培训、发证和值班分委员会同意优先考虑更新五年以上未修订的示范课程，而海事英语课程不在此列（已于 2015 年修订）。秘书处建议韩国向海员培训、发证和值班分委员会提交一份提案，供分委员会审议。

3. 极地规则港口国监督区域研讨会成果

委员会对《极地规则》港口国控制区域研讨会成果表示赞赏。

（二）2018 年和 2019 年的方案

委员会审议了由秘书处提交的 2018 年和 2019 年综合技术合作方案相关文件。委员会注意到，在编制方案时，已特别将小岛屿发展中国家和最不发达国家成员的能力建设需求考虑在内。委员会还注意到，方案编制过程已将若干要素和重点领域考虑在内，其中包括最新战略规划草案、国际海事组织各委员会的重要事项、2030 年可持续发展议程及其可持续发展目标。

委员会批准了 2018 年和 2019 年综合技术合作方案，包括区域和全球方案框架下的核心活动，预计拨款 2 380 万美元。

委员会敦请各成员和航运界为确保项目顺利实施提供资金或实物捐赠。

此外，委员会注意到柬埔寨、印度尼西亚、马来西亚、菲律宾、泰国和越南所供信息中包含的海洋环境项目报告。该项目主要在东亚地区实施。委员会对柬埔寨等国为 IMO 各成员共享项目实施提供经验表示感谢，并对挪威发展合作署为该项目提供资金支持表示感谢。

委员会注意到关于 2017 年 2 月在巴巴多斯举行的区域海事高级航运管理人员研讨会的实施结果报告,并对此表示感谢。

二、综合技术合作方案可持续融资

委员会审议了秘书处提交的关于 2018 年和 2019 年技术合作资金分配的文件,并列出了技术合作基金年度拨款建议,以支持 2018 年和 2019 年综合技术合作方案的开展。委员会获悉,秘书长建议从运营基金中拨款 1 000 万英镑,用于 2018—2019 年技术合作。根据当前收支形势,预计 2018 年拨款 6 969 510 美元,2019 年拨款 6 030 490 美元。

委员会获悉,自 2002 年以来,技术合作基金一直是综合技术合作方案最大的资金来源。委员会赞扬秘书处为确保综合技术合作方案持续融资所做的努力,并请秘书处制定长期融资战略,提交第 68 届委员会审议。委员会还敦促成员国积极支持创新融资措施,以确保综合技术合作方案的可持续融资。

委员会注意到秘书处提交的自委员会上届会议至 2017 年 5 月 31 日以来多方对技术合作项目进行自愿现金捐赠的文件。委员会获悉,多方捐助信托基金通过财务安排和现金捐款提供的捐款数额为 1 876 827 美元。

三、2030 年后的发展议程

(一)海上运输政策的制定

委员会审议了秘书处提交的文件,主要内容是秘书处为帮助成员制定国家海上运输政策(NMTPs)而开展的工作。委员会注意到,旨在向受益人提供编写、审议和通过海事运输政策所需的必要知识和技能的培训方案已经确定,并将其翻译成 IMO 的三种工作语言,以供成员参考。此外,秘书处正与世界海事大学联合制作一个短片,旨在面向政府高级官员强调NMTPs 对于社会经济发展和环境保护的重要性,从而引导高级政府官员为国家制定科学的海上运输政策。此外,委员会敦促秘书处开展与海上运输相关的技术援助活动。委员会注意到秘书处为帮助成员制定 NMTPs 而开展的活动将进一步推动相关活动的有效实施。

(二)国家海事概况

委员会审议了秘书处提交的文件,文件包含 2017 年 5 月 15 日前各成员国家海事概况的最新情况。委员会注意到,IMO 成员/联系会员中的 54.86% 都完成了国家海事概况记录,比2016 年同期增长 4.57%。

委员会获悉,在对国家海事概况记录分析中发现了不明确之处,并且国家海事概况模块中缺乏诸如海上便利运输、海盗、海上保安状况和相关技术援助需求等信息。委员会还强调,应该重组国家海事概况模块,从而达到明确反映海事概况、准确了解成员需求的目的。

委员会还指出,为解决以上问题,秘书处将与世界海事大学起草一份关于审议、修订、重组国家海事概况模块的提案,以确保输入的统一规范、实时数据收集及用户友好性。另外,委员会再次敦促那些尚未完善国家海事概况记录的成员尽快提供信息,同时敦促那些已经提供过信息的成员也要定期对信息进行更新。

（三）ITCP 与可持续发展目标（SDGs）之间的联系

委员会审议并批准了 IMO 技术援助工作与可持续发展目标之间联系的提案,并认为两者联系最为紧密的内容在 SDG4、5、6、7、9、13、14 和 17。

另外,委员会建议就两者之间的联系起草一份大会决议草案,以便更好地了解海事部门及技术援助工作在实现可持续发展目标方面所发挥的重要作用。委员会同意小幅修改大会关于 IMO 技术援助工作与"2030 年可持续发展议程"之间联系的决议草案,并请秘书处将其提交第 118 届理事会审议,以期在第 30 届大会上通过。

四、伙伴关系

委员会向 IMO 区域办事处所在地东道国表示感谢,这些国家有科特迪瓦、加纳、肯尼亚、菲律宾、特立尼达和多巴哥,感谢它们对这一项目所提供的资金援助和实物支持。

同时,委员会注意到,截至 2017 年 4 月 30 日,全球海运能效伙伴项目（GloMEEP）共建立 70 个伙伴关系。委员会获悉,由全球环境基金（GEF）、联合国开发计划署（UNDP）和 IMO 共同发起的 GloMEEP 现已启动,旨在帮助航运业进一步减少温室气体排放。

此外,委员会也向为确保 ITCP 有效实施而提供资金援助和实物支持的所有技术合作伙伴表达衷心的感谢。

五、IMO 成员自愿审核机制和 IMO 成员审核机制

委员会注意到秘书处提供的关于 IMO 成员自愿审核机制（VIMSAS）全球方案执行情况、IMO 成员审核机制（IMSAS）,以及自 TCC 第 66 届会议以来在该方案下提供的技术援助活动。委员会敦请成员和航运业利益相关方考虑为 IMSAS 的全球方案供款。在该方面,荷兰代表团向技术合作项目捐助 20 000 欧元资金供该方案使用。

六、能力建设:加强女性海员在海事领域的影响

鉴于时间有限,委员会决定按照《议事规则》第 13 条,在 TCC 第 68 届会议上审议该议题,请秘书处更新文件 TC 67/8 并将其作为向下届会议提交的文件。

七、全球海事培训机构

委员会审议了秘书处提交的关于 2016 年世界海事大学（WMU）相关活动及 IMO 国际海事教师联合会（IMLI）相关活动的报告。

此外,委员会鼓励成员在遵守国内法的前提下,承认 WMU 授予的学位,强烈呼吁成员和航运业利益相关方加强与 WMU 的联系,为其提供设备和设施,以支持其建设新的教学设施。委员会感谢向 WMU 基金捐款的捐助者,并敦促成员和航运业利益相关方为该基金提供财政捐助。

委员会注意到 IMLI 在 2016—2017 年开展的活动总结以及其他信息;鼓励成员在遵守国内法的前提下行动起来,承认 IMLI 授予的学位;感谢那些向 IMLI 提供财政和实物支持的捐助者,并敦促成员和航运业利益相关方为 IMLI 提供财政捐助。

在突出强调短期培训的价值以及与港口和业界合作重要性的同时,秘书长对 WMU 和 IM-LI 开展的短期培训课程表示感谢。

八、影响评估演习

秘书处指出,各代表团所提建议可分为四大类:技术投资、方案延伸、外联、监督和评估 ITCP。委员会审议了秘书处提交的关于未来演习事项的报告。经过深入探讨,委员会决定不更改技术合作基金的运营规则,并指出提议的变动也可能对预算造成负担。委员会表示,影响评估演习(IAE)还将保持每四年举行一次的惯例,内部监督和道德办公室(IOEO)仍然可在其总体监督职权内负责对 IMO 技术援助工作的某些部分进行评估。

九、2018—2023 年组织新型发展战略框架

鉴于时间有限,委员会决定按照《议事规则》第 13 条在其下届会议上审议该议题,并请秘书处就该方面更新文件 TC 67/11,并将其作为向下届会议提交的文件。

十、委员会导则的适用

委员会审议了秘书处提交的 TC 67/12 文件,其中载有符合第 A.1099(29)号决议规定的关于技术合作委员会组织和工作方法导则的修订草案。

委员会已获悉,第 A.1099(29)号决议要求理事会和各委员会审议并修订其组织和工作方法导则,并适时将战略规划实施文件和高层行动计划文件考虑在内。与此同时,委员会表示,如果不积极采取行动将严重妨碍组织既定目标的实现,那么导则中便不应包含任何可能妨碍委员会采取行动应对突发紧急事件的规定。

此外,委员会批准了 TC 67/12 文件的附件和修正案,以此作为委员会组织和工作方法的更新文件,并请秘书处以 TC 通函的形式发布更新文件。

十一、工作方案

委员会批准了 2018—2019 年 TCC 的拟议产出,并请秘书处考虑本届会议成果,并将其提交给第 118 届理事会审议。

十二、2018 年主席与副主席的选举

根据修订后的《议事规则》第 18 条的规定,委员会选举 Zulkurnain Ayub 先生(马来西亚)为 2018 年主席,选举 LaurentParenté 先生(瓦努阿图)为 2018 年副主席。

十三、委员会程序规则修正案

委员会批准了修订后的《议事规则》,并请秘书处以 TC 通函的形式发送给各成员。

十四、其他事务

委员会注意到澳大利亚提交的关于在马来西亚兰卡威举行的第 18 届亚太地区海事机构首脑论坛(APHoMSA)的成果文件。委员会表示,智利将在 2018 年 4 月主办第 19 届亚太地区海事机构首脑论坛,韩国将在 2019 年主办第 20 届亚太地区海事机构首脑论坛,加拿大将在 2020 年主办第 21 届亚太地区海事机构首脑论坛。

委员会注意到安哥拉、贝宁、科摩罗、科特迪瓦、吉布提、埃及、加纳、肯尼亚、利比里亚、尼日利亚、塞舌尔、塞拉利昂、南非、乌干达和坦桑尼亚提交的关于非洲海事管理协会第 3 次会议的成果文件。委员会表示,埃及将于 2018 年 4 月主办该协会第 4 次会议。

委员会表示,TCC 第 68 届会议暂定于 2018 年 6 月 18 日—20 日在 IMO 总部伦敦举行。

海上环境保护委员会第71届会议概况

时间：2017 年 7 月 3 日—7 日　　　　**主席**：A. Domingucz（巴拿巴）

会议期间展开工作的各类小组：大气污染和能效工作组；进一步提高船舶能效的技术和营运措施工作组；温室气体减排工作组；强制性文件修正案起草组；压载水管理审议组以及特别敏感海域技术组

主要议题审议进展：

MEPC 第 71 届会议于 2016 年 7 月在英国伦敦 IMO 总部召开。会议主要内容包括压载水中有害水生物、大气污染和能效、进一步提高船舶能效的措施、温室气体减排、审议和通过强制性文件修正案、特殊区域和特别敏感海域等 17 项议题。本次会议最终通过了 11 项决议，批准了 8 份通函。

一、压载水中有害水生物

《2004 年国际船舶压载水和沉积物控制与管理公约》（以下简称《压载水公约》）已经于 2016 年 9 月 8 日达到生效条件，于 2017 年 9 月 8 日正式生效。截至 7 月 11 日，共有 61 个国家批准了该公约，占世界商船总吨位的 68.46%。本届会议主要就以下问题进行了讨论：

（一）使用活性物质的压载水管理系统批准

根据联合国海洋环境保护科学问题联合专家组压载水工作组（GESAMP-BWWG）第 34 次会议的建议，委员会给予荷兰、挪威共 2 个压载水管理系统初步批准；给予韩国 1 个压载水管理系统最终批准。荷兰等向委员会提交了共 4 个压载水管理系统型式认可信息。

（二）压载水公约及相关导则的实施与修订

委员会批准了关于《压载水公约》第 B-3 条的修正草案及配套决议，以取代之前关于 D-2 标准实施日期的第 A.1088(28) 号大会决议。该草案待公约生效后发布，待 MEPC 第 72 届会议最终审议通过。根据修正草案，公约生效日及之后建造的船舶均应符合 D-2 标准，现有船舶可最晚在 2019 年 9 月 8 日及之后的首个换证检验日（与 IOPP 证书协调）进行换证检验以符合 D-2 标准。对于已经在 2014 年 9 月 8 日至 2017 年 9 月 7 日进行过 IOPP 证书换证检验的船舶以及不持有 IOPP 证书的船舶，修正案草案也做出了特别的限制。

以《2016 年压载水管理系统认可导则》（以下简称"G8 导则"）为基础，委员会批准了《压载水管理系统认可规则》（BWMS Code），以及使该规则强制性化的压载水公约第 A-1、D-3 条修正案草案，待 MEPC 第 72 届会议最终审议通过，其将随着公约修正案一起生效。为落实压载水实施路线图中"早期行动者不受惩罚"的原则，委员会批准了关于压载水公约实施经验积累阶段的决议，并制订了数据收集和分析计划。此外，为便利公约实施，委员会还审议批准了若干技术导则和指南的修正案，以及 GESAWP-BWWG 信息收集和工作方法修正案。

二、大气污染和船舶能效

（一）氮氧化物排放控制

经审议，委员会通过了《2017 年关于解决安装选择性催化还原系统柴油机特殊要求的 NO_x 技术规则相关问题导则》。关于《废气再循环系统泄放水排放导则》《废气滤清系统导则》《NO_x 技术规则中发动机测试循环统一解释》等事项，交由 PPR 第 5 次会议继续审议。

（二）硫氧化物排放控制

委员会审议通过了《防污公约》附则Ⅵ附录Ⅴ的修正案，增补燃油供应商对燃油硫含量限值的声明，允许船舶在使用等效方法的情况下，加装不符合《防污公约》附则Ⅵ第 14 条所规定的硫含量限值的燃油。委员会还审议了中国提交的关于统一不同种类船用燃油样品硫含量验证程序的提案，该提案得到了一致支持。鉴于该事项的重要性和紧迫性，委员会授权 PPR 第 5 次会议对此进行审议，并向 MEPC 第 72 届会议报告。此外，委员会批准将"《防污公约》附则Ⅵ第 14.1.3 条的有效实施"列入 PPR 2018—2019 年双年度工作议程，并将"使用硫含量 0.50% m/m 以下的混合燃油可能造成的安全隐患"作为产出计划的子项，计划 2019 年完成。

（三）燃油质量

委员会对会间工作组提交的《保障船用燃油质量的船方最佳实践指南草案》《保障船用燃油质量的成员/沿岸国监管最佳实践指南草案》进行了审议。经讨论，委员会认为《保障船用燃油质量的船方最佳实践指南草案》尚不完善，希望有兴趣的成员及组织向 MEPC 第 72 届会议递交提案，继续讨论该指南草案。同时，为保证《保障船用燃油质量的成员/沿岸国监管最佳实践指南》在 2020 年全球实行新的船用燃油硫含量标准前完成，委员会同意成立通信组继续开展工作，并向 MEPC 第 73 届会议报告。

（四）船舶设计能效标准

经审议，委员会同意以修改基线的方式放宽滚装货船和滚装客船的 EEDI 标准，并批准了相关《防污公约》附则Ⅵ修正草案，待下届会议审议通过。关于船舶在恶劣海况下保持最小推进功率技术导则修订问题，委员会同时将现行导则沿用至 EEDI 标准第二阶段。同时，委员会成立会间通信组，就第二阶段之后的 EEDI 标准以及 EEDI 计算公式中的冰级船舶修正系数等事项开展工作。为便于开展评估工作，委员会制定了自愿向 IMO 的 EEDI 数据库提交数据的模板，并对船舶尺度等重要参数进行了统一定义，就数据匿名性处理、创新技术报告方式、秘书处提交给委员会的信息通报等达成共识。委员会还审议了中国、印度和俄罗斯联合提交的呼吁没有加入附则Ⅵ的国家尽快加入的建议，同意提请 IMO 大会关注《防污公约》附则Ⅵ的缔约情况，并采取相应措施帮助更多的国家尽快加入《防污公约》附则Ⅵ。

三、进一步提升船舶能效的技术和营运措施

委员会在会间通信组的工作基础上，制定完成了关于实施船舶油耗数据收集机制的三份支撑性文件，即《主管机关船舶油耗数据核实导则》《IMO 船舶油耗数据库建立和管理导则》《非缔约方船舶油耗数据提交程序》。此外，委员会还审议并认可了秘书处提供的依托于 IMO 全球综合航运信息系统（GISIS）平台的船舶油耗数据库设计草案，请秘书处继续开展工作，并

向下届会议通报进展。关于行业组织提出的工程船、客船运输活动表征参数事项，委员会决定在后续会议继续审议。

四、国际海运温室气体减排

本届会议正式启动了国际海运温室气体减排战略的制定工作，并在会议前一周背靠背召开工作组会议，就减排战略所涉关键要素充分交换意见。经讨论，委员会以中国和日本两份提案为基础，制定了国际海运减排初步战略提纲草案的 7 个一级标题，包括前言、介绍、背景，愿景，减排力度与指导原则，短、中、长期措施备选清单，减排障碍与保障措施、能力建设与技术转让、研究与开发，针对正式战略的后续行动，战略的定期审议等。为继续推进战略制定工作，委员会决定利用后续两次会间工作组会议完成初步战略初稿，并提交下届委员会审议。

五、特殊区域与特别敏感海域的指定与保护

经审议，委员会通过了关于指定菲律宾图巴塔哈群礁自然公园为特别敏感海域（PSSA）的 MEPC 决议，相关保护措施为设立避航区，旨在减小船舶搁浅风险以及可能由此带来的环境污染和生态损害。截至目前，全球共有 15 片海域被指定为 PSSA，其中澳大利亚大堡礁海域 PSSA 经过两次延伸。

六、批准与通过强制性文件修正案

委员会审议通过了关于指定北海和波罗的海为氮氧化物排放控制区，并将附件 V 所列的燃油供应单内容进行修改，增补燃油供应商对燃油硫含量限值声明的《防污公约》附则 Ⅵ 的修正案。如无足够缔约方明示反对，该修正案将于 2018 年 7 月 1 日视为默认接受，于 2019 年 1 月1 日生效。

七、其他

委员会审议批准了《2017 年防污公约附则 V 实施指南》，自发布之日起替代此前的 2012 年指南［MEPC.219（63）］。此外，会议还批准了《关于 IBC、BCH、IGC、GC 和 EGC 规则下适装证书的填写指南》，就液货船强制安装稳性仪的要求，对相关规则框架下适装证书（CoF 证书）的签发和填写给出了指导。委员会也注意到 PPR 在国际航行船舶黑炭排放对北极影响方面的研究和审议进展，同意将其制定的工作进度安排在双年度工作计划中予以体现。

八、会议安排

委员会同意成立船舶能效设计指数（EEDI）复审和燃油质量两个通信组，在会间开展工作。经理事会批准，于 2017 年 10 月 23 日—27 日召开船舶温室气体减排会间工作组第 2 次会议。此外，委员会还计划于 2018 年召开化学品安全与污染风险评估（ESPH）工作组和协调实施《防污公约》附则 Ⅵ 燃油硫含量新规会间会议，待理事会批准。第 72、73 届 MEPC 会议分别计划于 2018 年 4 月 9 日—13 日和 2018 年 10 月 22 日—26 日召开。MEPC 第 72 届会议将成立大气污染及能效工作组、船舶温室气体减排工作组、强制性文件起草组、压载水处理技术审议组和 PSSA 技术组。

2017 年通过的决议和通函

A30 通过的决议

说明	文件号	名称	通过时间
1	A.1110(30)	国际海事组织 2018—2023 年战略计划	2017 年 12 月 8 日
2	A.1111(30)	国际海事组织战略计划实施	2017 年 12 月 8 日
3	A.1112(30)	国际海事组织 2018—2019 年基于成果的预算	2017 年 12 月 8 日
4	A.1113(30)	国际海事组织财务条例修订(2018 年 1 月 1 日生效)	2017 年 12 月 8 日
5	A.1114(30)	财务和审计报告	2017 年 12 月 8 日
6	A.1115(30)	拖欠会费	2017 年 12 月 8 日
7	A.1116(30)	逃生通道标记和设备放置位置记号	2017 年 12 月 8 日
8	A.1117(30)	国际海事组织船舶识别号计划	2017 年 12 月 8 日
9	A.1118(30)	主管机关实施国际安全管理规则修订导则	2017 年 12 月 8 日
10	A.1119(30)	2017 年港口国监督程序	2017 年 12 月 8 日
11	A.1120(30)	2017 年检验与发证协调系统(HSSC)的检验指南	2017 年 12 月 8 日
12	A.1121(30)	国际海事组织文件实施规则下相关文件责任不完全列表	2017 年 12 月 8 日
13	A.1122(30)	近海供应船散装运输和装卸危险与有害液体物质规则(近海供应船化学规则)	2017 年 12 月 8 日
14	A.1123(30)	2010 年危险与有害物质议定书生效与实施	2017 年 12 月 8 日
15	A.1124(30)	1992 年民事责任公约和 2010 年有害有毒物质公约下保险证书或其他财务担保的发证授权	2017 年 12 月 8 日
16	A.1125(30)	与非政府组织的关系	2017 年 12 月 8 日
17	A.1126(30)	国际海事组织的技术援助工作与 2030 年可持续发展议程(联合国)的联系	2017 年 12 月 8 日
18	A.1127(30)	国际海事组织综合技术合作项目支持 2030 年可持续发展议程(联合国)的主要原则	2017 年 12 月 8 日
19	A.1128(30)	为开展有效且可持续的综合技术合作项目而做的财务和合作伙伴安排	2017 年 12 月 8 日
20	A.1129(30)	世界海事大学和国际海事法学院学生访问国际海事组织总部	2017 年 12 月 8 日
21	A.1130(30)	世界海事大学章程	2017 年 12 月 8 日

MSC98 通过的决议

编号	文件号	名称	通过时间	说明
1	MSC.421(98)	经修订的 1974 年 SOLAS 公约修正案	2017 年 6 月	
2	MSC.422(98)	IGF 规则修正案	2017 年 6 月	
3	MSC.423(98)	1994 HSC 规则修正案	2017 年 6 月	
4	MSC.424(98)	2000 HSC 规则修正案	2017 年 6 月	
5	MSC.425(98)	LSA 规则修正案	2017 年 6 月	
6	MSC.426(98)	IMSBC 规则修正案	2017 年 6 月	
7	MSC.427(98)	对经修订的救生设备试验的建议的修订	2017 年 6 月	修订 MSC.81(70)
8	MSC.428(98)	安全管理系统中海洋网络风险管理	2017 年 6 月	
9	MSC.429(98)	经修订的 SOLAS 公约第Ⅱ-1 章关于分舱与破损稳性规则解释性文件	2017 年 6 月	
10	MSC.430(98)	经修订的接收船舶航行和气象警报以及紧急信息的窄带直接印字电报设备的性能标准修正案	2017 年 6 月	修订 MSC.148(77)
11	MSC.431(98)	经修订的增强型群呼（EGC）设备性能标准修正案	2017 年 6 月	修订 MSC.306(87)
12	MSC.432(98)	船载多系统无线电导航接收性能标准修正案	2017 年 6 月	修订 MSC.401(95)
13	MSC.433(98)	经修订的船舶报告系统指南和衡准修正案	2017 年 6 月	
14	MSC.434(98)	GMDSS 中使用的船舶地面站性能标准	2017 年 6 月	
15	MSC.435(98)	2009 MODU 规则修正案	2017 年 6 月	

MEPC71 通过的决议

编号	文件号	名称	通过时间	说明
1	MEPC.286(71)	《防污公约》附则Ⅵ修正案（指定波罗的海和北海为氮氧化物排放控制区，以及纳入燃油供应单中的信息）	2017 年 7 月	
2	MEPC.287(71)	压载水公约第 B-3 条所涉日期的确定	2017 年 7 月	
3	MEPC.288(71)	实施压载水公约	2017 年 7 月	
4	MEPC.289(71)	2017 年压载水置换导则（G6）	2017 年 7 月	
5	MEPC.290(71)	压载水公约第 A-4 条下的风险评估导则（G7）	2017 年 7 月	
6	MEPC.291(71)	实施压载水公约的经验积累阶段	2017 年 7 月	

（续表）

编号	文件号	名称	通过时间	说明
7	MEPC. 292(71)	2017 年关于解决安装选择性催化还原系统柴油机特殊要求的 NO_x 技术规则相关问题导则	2017 年 7 月	
8	MEPC. 293(71)	2017 年主管机关燃油消耗数据核实导则	2017 年 7 月	
9	MEPC. 294(71)	2017 年 IMO 船舶油耗数据库建立和管理导则	2017 年 7 月	
10	MEPC. 295(71)	指定图巴塔哈群礁自然公园为特别敏感海域	2017 年 7 月	
11	MEPC. 296(71)	2017 年《防污公约》附则 V 实施导则	2017 年 7 月	

MSC98 通过的通函

序号	文件号	文件名称
1	MSC. 1/Circ. 1564	经修订的客船航行时可以开启的水密门指南
2	MSC. 1/Circ. 1565	自愿提前实施 1974 年 SOLAS 公约和相关强制性要求修正案的指南
3	MSC. 1/Circ. 1566	自愿提前实施 SOLAS 公约第 II -2/1 和 II -2/10 条修正案
4	MSC. 1/Circ. 1567	SOLAS 公约第 II -1/12.5.1 条修订的告知
5	MSC. 1/Circ. 1568	IGF 规则第 11.3.2 段修订的告知
6	MSC. 1/Circ. 1569	1994 年和 2000 年 HSC 规则第 8.10.1.5、8.10.1.6 段修订的告知
7	MSC. 1/Circ. 1570	客船破损控制图和提供给船长的信息指南（MSC. 1/Circ. 1245）第 3 部分的修订
8	MSC. 1/Circ. 1571	SOLAS 公约第 II -1 章统一解释
9	MSC. 1/Circ. 1572	关于 SOLAS 公约第 II -1 和 XII 章及检查通道技术规定 [MSC. 158(78)决议] 和散货船与除散货船之外的单舱货船水位探测器性能标准 [MSC. 188(79)决议] 的统一解释
10	MSC. 1/Circ. 1573	SOLAS 公约 II -1/2. 20 和 II -2/3. 21 的统一解释
11	MSC. 1/Circ. 1574	船体结构中使用 FRP 单元构件:消防安全方面的临时指南
12	MSC. 1/Circ. 1575	船位、导航和授时（PNT）数据处理指南
13	MSC. 1/Circ. 1576	SOLAS 公约中有关 VDR、S-VDR、AIS 和 EPIRB 年度测试的统一解释
14	MSC. 1/Circ. 1577	COLREG 中有关舷灯布置的统一解释
15	MSC. 1/Circ. 1578	使用救生艇进行弃船演习安全导则
16	MSC. 1/Circ. 1579	救生艇系统操作和维护手册编制导则（MSC. 1/Circ. 1205）的修订
17	MSC. 1/Circ. 1580	动力定位船舶指南修正案

（续表）

序号	文件号	文件名称
18	MSC. 1/Circ. 1581	SOLAS 公约 II-2 章的统一解释
19	MSC. 1/Circ. 1582	FSS 规则第 15 章的统一解释
20	MSC. 1/Circ. 1583	SOLAS 公约第 II-I/29 条的统一解释（MSC. 1/Circ. 1398）修正案
21	MSC. 1/Circ. 1584	救生艇释放和回收系统评估和更换导则（MSC. 1/Circ. 1392）修正草案
22	MSC. 1/Circ. 1585	几内亚湾船舶海盗和武装抢劫事故的报告
23	MSC. 1/Circ. 1395/Rev. 3	可免除固定式气体灭火系统或固定式气体灭火系统无效的货物清单
24	MSC. 1/Circ. 1371/Add. 3	准则、建议、导则和其他与安全–保安相关的非强制性文件清单
25	MSC. 1/Circ. 1503/Rev. 1	ECDIS——良好实践指南
26	MSC. 1/Circ. 738/Rev. 2	动态定位系统操作培训指南
27	MSC. 1/Circ. 1164/Rev. 18	关于 STCW 公约缔约方提交的独立评估报告信息，经 MSC 确认，传达的信息表明缔约方充分和完全实施公约的有关规定
28	MSC. 1/Circ. 797/Rev. 30	秘书长根据 STCW 规则 A-I/7 部分，提出的能胜任工作人员的培训和值班清单
29	MSC. 1/Circ. 686/Rev. 1	进入油船、散货船检查和维护的结构措施指南
30	MSC. 1/Circ. 1464/Rev. 1/Corr. 2	关于 SOLAS 公约第 II-1 和 XII 章检查通道技术规定[MSC. 158 (78)决议]和散货船与除散货船之外的单舱货船水位探测器性能标准[MSC. 188(79)决议]的统一解释
31	MSC. 1/Circ. 1079/Rev. 1	搜救机构与客船之间合作准备计划（按照 SOLAS 公约第 V/7.3 条）指南
32	MSC. 1/Circ. 1460/Rev. 2	船上安装和使用的无线电通信设备有效性导则
33	MSC-FAL. 1/Circ. 3	网络安全管理指南
34	STCW. 7/Circ. 24/Rev. 1	经修订的 1978 年 STCW 公约下对相关各方、主管机关、港口控制当局、认可组织和其他相关各方要求的导则
35	STCW. 6/Circ. 13	修订 STCW 规则 B 部分
36	COLREG. 2/Circ. 69	分道通航制修正案
37	SN. 1/Circ. 335	分道通航制之外的定线制

MEPC71 通过的通函

序号	文件号	文件名称
1	BWM. 2/Circ. 13/Rev. 4	经修订的 GESAMP-BWWG 信息收集和工作方法
2	BWM. 2/Circ. 61	压载水公约下的紧急措施指南
3	BWM. 2/Circ. 62	在无法按照第 B-4.1 和 D-1 条实施压载水置换水域运营的船舶对压载水公约的应用

（续表）

序号	文件号	文件名称
4	BWM. 2/Circ. 52/Rev. 1	在一国管辖水域内运营的船舶进入或再次进入该水域的指南
5	BWM. 2/Circ. 63	可用于压载水管理系统型式认可的存活生物计数方法指南
6	MEPC. 1/Circ. 871	非缔约方船舶油耗数据提交程序
7	MEPC. 1/Circ. 872	《防污公约》附则 I 统一解释
8	MEPC. 5/Circ. 14	IBC、BCH、IGC、GC 和 EGC 规则下适装证书填写指南

2018 年 IMO 会议计划[①]

会议名称	会议号	日期
船舶设计与建造分委会（SDC）	5	1 月 22 日—26 日
防止污染与反应分委会（PPR）	5	2 月 5 日—8 日
航行、通信与搜救分委会（NCSR）	5	2 月 19 日—23 日
船舶系统与设备分委会（SSE）	5	3 月 12 日—16 日
海上环境保护委员会（MEPC）	72	4 月 9 日—13 日
法律委员会（LEG）	105	4 月 23 日—25 日
国际油污基金组织（IOPC FUNDS）	—	4 月 30 日—5 月 3 日
国际移动卫星组织（IMSO）顾问委员会会议	41	—
海上安全委员会（MSC）	99	5 月 16 日—25 日
便利委员会（FAL）	42	6 月 5 日—8 日
技术合作委员会（TCC）	68	6 月 18 日—20 日
理事会（Council）	120	7 月 2 日—6 日
人的因素、培训与值班分委会（HTW）	5	7 月 16 日—20 日
国际移动卫星组织（IMSO）顾问委员会会议	42	7 月 30 日—31 日
货物与集装箱运输分委会（CCC）	5	9 月 10 日—14 日
履行国际海事组织文书分委会（III）	5	9 月 24 日—28 日
国际移动卫星组织（IMSO）大会会议	25	10 月 9 日—12 日
海上环境保护委员会（MEPC）	73	10 月 22 日—26 日
国际油污基金组织（IOPC FUNDS）	—	10 月 29 日—11 月 2 日
1972 年伦敦公约缔约方咨询会议	40	11 月 5 日—9 日
1996 年伦敦议定书缔约方会议	13	
理事会（Council）	121	11 月 19 日—23 日
海上安全委员会（MSC）	100	12 月 3 日—7 日
会间会		
船舶温室气体减排会间工作组	3	4 月 3 日—6 日
IMSBC 规则编辑和技术组（E&T）	29	4 月 16 日—20 日

---

① IMO.（2018）. PROG/126/Rev.1 – PROGRAMME OF MEETINGS FOR 2018. IMO；London.

（续表）

会议名称	会议号	日期
IMO/ITU 海上通信联合专家组	14	9 月 3 日—7 日
IMSBC 规则编辑和技术组（E&T）	30	9 月 17—21 日
ICAO/IMO 搜救联合工作组	25	9 月 17—21 日
PPR 下化学品安全和污染评估工作组（ESPH）	24	10 月 1 日—5 日
统一实施 MARPOL 附则Ⅵ第 14.1.3 条会议	—	时间待定
1972 年伦敦公约和 1996 年伦敦议定书框架内的会间会议		
伦敦公约科学组（LC）	41	4 月 30 日—5 月 4 日
伦敦议定书科学组（LP）	12	
伦敦议定书遵约组会议（LP）	11	11 月 1 日—2 日
其他会议或事件		
HNS 公约 2010 年议定书研讨会	—	4 月 26 日—27 日
IMO 70 周年纪念高峰论坛	—	5 月 15 日
世界海事日并行活动	—	6 月 13 日—15 日
世界海员日	—	6 月 25 日
世界海事日	—	9 月 27 日
IMO 代表研讨会	—	10 月 18 日—19 日

第三部分

热点议题

在参与全球海事治理框架下
引领智能船国际海事制度性话语权

2017年6月,国际海事组织(IMO)海上安全委员会第98届会议(MSC 98)批准了开展"海上自主水面船舶(MASS)公约法规梳理与适用性研究",并鼓励各成员和国际组织向MSC第99届会议提交实质性提案和评论性提案。丹麦、爱沙尼亚、芬兰、日本、荷兰、挪威、韩国、英国和美国等九国共同提出了"海上自主水面船舶监管范围界定建议"联合提案,该提案获得MSC第98届会议审议批准。与会各方经过讨论最终达成一致意见:IMO应在海上自主水面船舶(MASS,以下简称"智能船")法律监管范围界定中积极主动发挥领导作用。本文全面梳理了MSC第98届会议上对智能船及监管范围的界定、各国的观点和立场等,并在此基础上对我国积极引领IMO智能船的制度性话语权提出相关建议。

一、MSC第98届会议上智能船联合提案的内容

(一)提案对智能船现状的描述

一是认为智能船既有部分自动化的船舶,也有无须人员干预的完全自主船;二是目前正在进行的有关智能船的学术和商业研究包括遥控、自主航行、船舶监控和避碰系统等;三是IMO现有法律体系尚未考虑适用智能船,IMO需明确和建立全球统一适用的监管框架,使智能船设计方、建造方、船东和经营方能够遵守IMO制定的智能船法律监管文书。

(二)提案提出的观点

我们对智能船的研发已有多年,目前正转入应用阶段,由于IMO文书涉及从船舶建造、使用到拆解的全过程,需要修订法律法规及规范以便智能船的设计方、建造方、船东和经营方等有据可依,从而推动航运业的可持续发展和标准的统一实施。丹麦等共同提案方建议对IMO文书进行监管范围界定以识别出以下三种情况:一是当前正在起草的排除无人操作的IMO规则;二是不适用于无人操作的IMO规则(因其仅适用有配员的船舶);三是虽然是未排除无人操作的IMO规则,但需修正以确保自主船在建造和操作过程中的安全、保安和环保。

二、各方对智能船法律监管范围界定的立场

(一)IMO明确表示在积极推进智能船法律监管范围界定工作领域发挥国际领导作用

IMO表示对建立良好的国际环境以开展智能船法律监管和安全营运等法律和高新技术研究责无旁贷,会将智能船法律监管范围从边缘化引导为重要议题。IMO认为智能船尚处于研

71

发阶段,对智能船进行定义的时机尚不成熟。在智能船法律监管范围界定后会达成智能船定义的共识,这也应是智能船下一阶段研究工作的初步任务。IMO 其他委员会将根据各自职责范围适时考虑相关公约对智能船的法律监管范围界定。

（二）英美等发达国家推动并积极支持智能船法律监管范围界定工作

英国、丹麦、芬兰、荷兰、美国以及日本和韩国等认为 MSC 第 98 届会议批准的智能船法律监管范围界定仅仅是重大监管工作迈出的第一步,有利于各方充分了解与智能船相关的现行法律监管制度及智能船的显著特征,现阶段还不足以启动修订相关国际海事规则的活动。英国指出智能船法律监管范围界定应充分考虑 IMO MSC 职责范围内的一切公约,然而智能船航行仍会引发一些超出 SOLAS 公约第 V 章规定的重大监管范围。日本认为智能船法律监管范围界定对海事业界刚刚起步发展的智能船研发至关重要。

（三）国际运输工人联盟（ITF）和船员供应国原则上支持智能船法律监管范围界定,同时强调要考虑人为因素

1. ITF 的观点

一是在审议智能船法律监管范围界定时应考虑人为因素;二是当前有必要澄清智能船的定义,包括船舶种类、自主水平、明确是否需依靠岸基人员操作航行等;三是在审议智能船法律监管界定时应考虑所有可能的安全场景,拟修订的法规框架须符合国际海事组织条约和《联合国海洋法公约》（UNCLOS）规定的船旗国义务。

2. 中国的观点

一是原则上支持智能船法律监管范围界定新工作计划及 ITF 的立场;二是面对智能船给海事监管带来的新挑战,建议 IMO 作为海上安全和防污染最高立法机构,及时梳理制定与之相适应的全球可统一执行的法律,以保护海上人命安全和海洋环境;三是强调智能船或无人驾驶船舶会带来的安全隐患,需要仔细研究和论证;四是建议分阶段、分领域试行,可逐步减少配员,从开放水域和小吨位船试行,并进行全过程风险分析和管理。

3. 菲律宾的观点

一是需要针对智能船制定法律框架以管控智能船之间以及与配员船舶之间的互动和共存;二是监管制度必须解决好船员和港口工人之间的互动关系;三是强调 IMO 应邀请其成员特别是海员供应成员、设备制造商、船东积极参与制定监管框架,海员供应国是参与 MASS 的中流砥柱,因为它们将是受此影响而第一批失业的群体;四是 IMO 历来将人力资源或海员作为航运业的主要支柱之一,因此菲律宾强烈支持 ITF 提出的考虑人为因素的观点。

4. 巴西的观点

一是从智能船未来发展角度对国际海事规则进行解释;二是表示理解 ITF 的担忧,认为有必要全面、充分地考虑远程监管操控船舶所涉及的人为因素,尤其是船员应具备的资质和技能。

5. 牙买加的观点

一是认为 IMO 开展对智能船法律监管范围界定具有现实性和远见性;二是基于对未来船

舶航行和操作的需要,应谨慎、有效并适当地考虑航行安全、保安和海上环保;三是 IMO 应继续发挥主导引领作用,开展对智能船监管范围界定的审议。

6. 印度尼西亚的观点

一是认为智能船开发需要新创意、新发明和新技术,有利于国际航海的发展,降低船舶配员成本,支持开展智能船法律监管范围界定;二是表示具有与其他所有海员供应国同样的担忧,担心智能船会威胁其海员供应产业。

7. 希腊等国家的观点

一是原则上同意 IMO 开展智能船法律监管范围界定;二是应充分考虑人为因素对智能船的影响。

(四)航运相关国际组织支持智能船法律监管范围界定研究

国际航海学会联合会(IAIN)、波罗的海国际航运公会(BIMCO)、欧洲造船工业协会(CESA)、船长协会国际联合会(IFSMA)、国际航运公会(ICS)、国际海商法协会(CMI)等大部分航运相关国际组织支持智能船法律监管范围界定研究,强调要系统开展包括《联合国海洋法公约》(UNCLOS)、《国际海上人命安全公约》(SOLAS)、《国际海上避碰规则》(COLREGS)、《海员培训、发证和值班标准国际公约》(STCW)等公约在内的相关法律适用研究,并建议 IMO 系统解决智能船自动化、数字化、信息技术应用及信息安全等问题。

三、对我国抢占智能船国际话语权的建议

智能船将给海上安全、保安、环保、船岸互动、引航、海上事故响应以及人为因素等诸多领域带来革命性的影响。对智能船的法律监管范围界定将影响 IMO 法律基础,进而对全球复杂的海事界带来深远影响。芬兰、丹麦等国家已开展智能船的研发和实验,芬兰在智能船领域开展的研发包括船舶自动化、数字化和 IT 技术应用,分析研究智能船营运的法律障碍等。丹麦和英国劳氏船级社共同开展了建立智能船从 AL0 到 AL6 的分级概念,马士基公司也已推动智能船物流运输方面的研究项目。

我国是航运、造船、港口和海员大国,面对航运数字化和自动化带来的机遇和挑战,应积极确立引领 IMO 智能船制度性话语权的地位,鉴于此,特提出以下行动建议:

1. 组建"智能船法律监管范围界定及适用性研究"课题组

建议由交通运输部国际合作司牵头,针对"智能船公约法规梳理与适用性研究"进行立项,课题组的构成应当秉承多元化原则,由海事部门、海事领域法律专家以及国际海事组织专家等共同组成。通过调查研究,对 IMO 现有法律体系中尚未考虑适用智能船的公约规则等进行全面梳理,对于公约规则中的缺陷与不足、不同公约之间的冲突以及解决制度框架等进行全面总结与阐释,以提交国际海事组织在进一步研究讨论时参考使用。

2. 尽快向 IMO 提交智能船的中国方案

贯彻习近平总书记关于参与全球治理的思想,应在推进我国"海洋战略"、"一带一路"倡

议和海上互联互通的框架下,在梳理分析 IMO 现有法律法规对智能船适用性研究的基础上,提出智能船的法律监管范围框架界定、国际避碰规则修改方案,以及我国现有智能船的法规标准等,通过尽快提交关于智能船的中国方案,赢得引导智能船制度性建设话语权的先机。

3. 由中国牵头组建"智能船国际海事规则审议和修正"工作组

建议由交通运输部牵头,积极与国际海事组织沟通联系,组建由各相关国家派出专家代表组成的工作组,任务是共同完成"智能船国际海事规则体系"的顶层设计;在顶层设计的指引下,争取用两到三年的时间,对规则公约的审议与修正提出具体建议,并形成公约修正案建议,提交 IMO 相关会议批准通过。

4. 系统完善我国智能船的法律法规体系

智能船发展是一个循序渐进的过程,按照罗尔斯·罗伊斯公司设定的智能船舶研发路线图,2020 年将首先推出船上仍有少量人员但具备部分远程遥控支持和操作功能的商用船舶,2025 年推出远程控制下的无人驾驶近海航行船,2030 年开发出远程控制下的无人驾驶深海航行船,2035 年实现开发出无人驾驶的自主航行深海航行船的最终目标。依据此研发计划,建议交通运输部联合工信部等系统开展智能船的相关技术研发,同时针对阶段性技术研发成果,组织开展相应的智能船发展法律法规和标准适用性研究,系统完善我国智能船的法律法规体系。

（张仁平,大连海事大学）

我国加入压载水公约的机遇和挑战

IMO 于 2004 年 4 月 23 日在英国伦敦通过了《2004 年国际船舶压载水和沉积物控制与管理公约》(以下简称"公约"),旨在防止、尽量减少和最终消除船舶压载水和沉积物造成的外来水生物和病原体的转移,保护海洋生态环境。公约于 2016 年 9 月 8 日满足生效条件,于 2017 年 9 月 8 日生效。

作为近年来 IMO 在环保领域制定的最重要的法律文件之一,其实施将对全球航运业及相关产业带来一系列的连锁反应,势必加速航运业的洗牌与深度融合,给我国航运业及相关产业带来巨大的影响和挑战。为应对公约生效,推动我国航运业转型升级,促进产业发展,交通运输部会同有关部门,以政府履职尽责为总目标,以公约谈判为切入点,开展了大量基础性工作,为公约在我国的有效实施及行业的良性发展奠定了坚实基础。

一、公约制定的背景

船舶压载水对船舶在航行过程中保持安全稳定的状态具有重要作用,但国际航行船舶排放的压载水为外来生物入侵提供了渠道。随着经济全球化的发展,海运贸易量快速增长,船舶压载水造成的生态入侵问题逐步显现,引起了全球环保和航运领域的广泛关注,被公认为是全球海洋生态和海洋经济的重大威胁之一。对此,IMO 于 1993 年以决议的形式通过了防止船舶压载水转移外来水生物和病原体的导则。在此基础上,经过 10 余年的讨论,IMO 于 2004 年在英国伦敦召开外交大会,审议并通过了公约。截至 2017 年 11 月 15 日,共有 66 个国家批准了公约,占世界商船总吨位的 74.89%。

二、公约主要内容

除序言外,公约包括正文 22 个条款和 1 个技术性附则——《船舶压载水和沉积物控制与管理规则》。公约适用于悬挂缔约国国旗的船舶和在缔约国管辖水域营运的其他国家的船舶,非缔约国船舶在缔约国管辖范围内不享有优惠待遇。

公约正文就缔约国关于控制有害水生物和病原体通过船舶压载水和沉积物转移、沉积物接收设备、科学技术研究和检测、检验和发证、船舶检查、违犯事件处置以及技术援助与合作等方面做出了规定。公约要求,缔约国对悬挂其国旗的船舶进行检验发证,并对在其管辖范围内营运的船舶开展监督检查。未持有有效证书或压载水检测超标的船舶将被警告、滞留、禁止进港或驱逐出港等处罚。公约附件对适用船舶安装压载水管理系统的时间表和压载水性能标准提出了具体要求。

由于公约生效进程不及预期，IMO 分别在 2007 年和 2013 年通过大会决议推迟了压载水排放标准的实施时间。2017 年 7 月召开的 IMO MEPC 会议通过决议，明确新造船舶在公约生效后须满足压载水性能标准，现有船舶延迟两年满足该标准。为便于公约的实施，IMO 还制定了 14 个技术性导则，为开展公约相关工作提供了统一的技术指导。

三、我国履约工作进展情况

（一）关于加入公约的报批

交通运输部会同相关部门已报请国务院审核，加快推进公约批准和加入程序。香港特区在完成本地立法后，公约再延伸至适用香港特区。公约生效即适用澳门特区。

（二）关于压载水处理系统的研发

目前，国内共有 14 套压载水处理系统获得了型式认可，占全球获得认可的处理系统总数的近 20%，但都是依照 IMO 旧标准认可的第一代设备。IMO 于 2016 年 10 月对型式认可导则进行了全面修订并决定将其改为强制性规则，要求 2020 年 10 月 28 日及以后安装上船的压载水管理系统按照新的规则获得认可。尽管 IMO 确立了"早期行动者不受惩罚"原则，但其实存在很大的不确定性，且美国明确对该原则不予认可。因此，国内设备生产厂商需要抓紧研发符合 IMO 新的认可标准和美国海岸警卫队认可标准的第二代压载水处理系统。目前，国内仅有一家公司获得了美国海岸警卫队的认可。

（三）关于压载水的快速检测

公约要求缔约国对到港船舶的压载水进行取样检测，以验证是否满足公约规定的排放标准。目前，全国海事系统和大连海事大学正在研发具有自主知识产权的手持式压载水快速检测设备。综合来看，海事一线执法人员尚不具备开展快速检测的能力，且海事系统实验室检测能力有待进一步完善，尚无法对船上快速检测结果进行验证，现阶段只能利用质检系统设在港口的实验室进行检测。

（四）关于与周边国家的管理互免

交通运输部利用现有的双边、多边机制，积极与周边国家商讨共同风险区域内压载水管理的互免合作，以降低航运公司营运成本。目前，我国正加快推进与韩国、日本、东盟的互免合作。

（五）关于船舶检验发证

交通运输部海事局已同意中国船级社根据中国籍国际航行船舶船东的申请，在公约生效之日前单独提前进行"国际防止油污染证书"的换证检验，以便船舶满足公约规定的压载水性能标准（简称 D-2 标准）。中国船级社制定了中国籍国际航行船舶的检验发证实施计划并组织实施，2017 年 7 月 15 日已完成 910 艘船舶压载水管理计划的审批，2017 年 8 月 15 日完成其他 534 艘船舶压载水管理计划的审批。

四、公约实施带来的机遇

（一）以公约实施为契机，保护海洋生态环境

外来生物入侵造成的生态破坏、赤潮等现象对我国的海洋生态安全造成威胁，对海洋水产经济造成损失。远洋运输船舶装载的压载水在航行和装卸作业过程中在近海排放，是造成我国海洋生物入侵的原因之一。加入公约后，我国主管机关可以要求公约适用船舶在我国管辖水域排放的压载水均经过灭活处理，达到排放标准，有效降低或消除船舶压载水引入外来水生物和病原体的风险，有利于保护我国海洋生态环境，强化我国对海域的管辖权。

（二）以公约谈判为平台，助我国参与全球海运治理

我国已连续 15 次当选 IMO 的 A 类理事国。近年来，我国积极参与全球海运治理，对相关公约和技术标准的制定及修订工作施加有效影响。在压载水公约制定及修订过程中，围绕压载水公约型式认可导则修订、压载水公约实施路线图及压载水公约实施时间表修订等关键问题，充分表达了我国的立场，在涉及我国关切的重大问题上主动提交提案，发出中国声音，贡献中国智慧，维护中国利益。目前，G8 导则的修订、D-2 标准实施时间表的修订基本符合我国预期。加入公约有利于我国深度参与全球海运治理，对构建更为开放、公平、公正的国际海运秩序做出应有贡献。

（三）以公约执行为抓手，维护我国行业利益

公约明确规定，对非缔约国船舶不给予优惠待遇。公约生效后，我国远洋运输船舶须接受缔约国的监督检查。日本、德国、丹麦、新加坡等主要航运国家及世界最大方便旗国家巴拿马均已加入公约，若我国未加入公约，则不能依照公约对在我国水域的外籍船舶实施监督检查，客观上造成了我国航运企业与缔约国航运企业的不平等待遇。加入公约，将有助于为我国航运业打造更为有利的营运环境。

（四）以行业发展为导向，构建"产学研用"体系

交通运输部在公约履约跟踪研究中高度重视"产学研用"链条的打造，多次召开行业协调会，由航运企业及压载水管理系统制造企业提出需求，由科研单位，包括高校、科研机构和中国船级社等开展相关研究。在参与压载水公约国际谈判中，要注重引入社会资源，吸收部分行业单位参与压载水公约修订工作，为压载水公约及相关导则的修订提供数据及理论支撑。交通运输部应与相关单位牵头，充分利用全行业资源，编制预案和提案参与国际谈判，对外为我国争取利益，对内推动行业健康发展。

（五）以课题研究为依托，不断夯实基础

交通运输部在 2016 年先后启动了多项课题研究工作，包括与工信部所属的上海船舶工艺研究所联合开展压载水公约规范及标准研究，委托哈尔滨工程大学开展压载水公约港口国监督检查研究，支持大连海事大学研发具有完全自主知识产权的手持式压载水快速检测设备等，同时还积极向科技部、亚洲发展专项基金等申请专项课题，为我国的有效履约提供了支撑和硬

件保障。

（六）以履约建设为中心，完善法律框架体系

《中华人民共和国海洋环境保护法》《中华人民共和国国境卫生检疫法》《防治船舶污染海洋环境管理条例》等国内法律法规对压载水排放、检疫已有原则规定，与公约总体要求相符，为公约国内转化和实施奠定了良好基础。在此基础上，交通运输部将继续推动履约法律体系建设，制定国内实施程序，充实法律法规体系。

五、我国面临的挑战

总体而言，我国已具备公约实施的基本条件，但在新一代压载水处理系统研发、压载水快速检测能力与实验室检测能力建设、港口本地生物调查等方面还比较薄弱，需要有关部门通力合作予以提高，为公约的实施打下基础。

（一）基础研究薄弱，科研投入有待提高

我国在压载水管理研究领域存在起步晚、底子薄、资金投入不足等问题，国内仅有几家高校及科研机构开展了压载水管理技术和政策方面的研究，累计科研投入不足千万元，且研究方向和研究内容重叠率高，研究水平参差不齐，研究范围也大多局限于压载水处理设备的开发。在压载水携带外来生物的入侵预测预警、我国及国外主要港口本地生物信息调查及压载水港口应急处置等方面的研究尚属空白。这些问题一方面导致我国在国际谈判中由于缺乏相关数据而长期处于被动局面，另一方面也为我国后续的有效履约带来了极大挑战。

（二）国内产业需要进一步扶持

我国国内压载水处理系统生产厂家在数量上占有一定的比例，在成本上具有一定的优势。随着公约实施，船舶将集中安装新的压载水设备，国内压载水处理系统生产厂家将成为较大的受益方。但是从目前的情况来看，国内设备的技术标准大部分基于旧的导则，有关部门应当按照新的压载水处理系统型式认可规则，帮助国内14家生产厂家尽早做好设备的升级换代工作。

（三）压载水检测及处置设备亟待推广

压载水的检测分为船上快速检测和实验室详细检测两个部分。当前具有完全自主知识产权的压载水快速检测设备已具雏形，这些设备需要充分试验并完成型式认可，尽快向社会提供，以解决海事执法人员进行港口国监督的实际需要，同时也能为船东进行自查自检提供条件。此外，我国外贸港口数量多、分布广，也应对分布在港口的实验室进行改造，提高检测能力，构建我国压载水实验室检测体系。

压载水港口接收和处理设施也是按照公约要求提供便利的一种方式。对于无法对其携带的压载水进行处理的船舶，较大的港口应当能够提供压载水接收和处理设施。同时，修造船厂应当考虑强制其配备压载水及沉积物接收处理装置，确保修船作业时不会违反公约要求。

（四）港口本地生物调查需要开展

进行港口本地生物调查，是实施压载水检测和监督的重要基础手段。想要切实履行好公

约,就应当尽快开展中国港口和国外主要港口本地生物调查,建立水生物入侵数据库,利用大数据平台共享数据,整合技术资源,开发压载水携带外来有害水生物预报预警系统,实现外来生物入侵的可预防和可控制。

（五）部门间合作需进一步加强

压载水管理是一项十分复杂的工作,涉及压载水的风险监控及预测预警、压载水管理系统的检查与压载水检测、压载水的交换及处置技术等。在我国,涉及压载水管理的部门包括环保部、工信部、质检总局、海洋局与交通运输部,每个部门涉及的压载水管理职责各有侧重。公约的有效履行,需要各部门密切合作,构建完整的监管体系,从源头上控制压载水携带有害水生物和病原体带来的危害。因此,应进一步完善部际合作机制,推动各部门建立信息与数据共享平台,以优化资源配置,形成监管合力。

（陈星森,交通运输部国际合作司）

何建中在 IMO 第 30 届大会上的发言

尊敬的主席先生，首先祝贺您当选本届大会主席！

尊敬的秘书长、各位部长、各位代表：

中方注意到，上届大会以来，IMO 在保障海上航行安全、保护海洋环境、实现联合国 2030 年可持续发展议程等各领域工作稳步推进，在海运温室气体减排、IMO 成员审核等方面取得了新的突破。

当前世界正处在大发展、大变革、大调整时代，全球海运治理环境也在发生着深刻的变化。

一是海运业可持续发展面临考验。全球经济增长动能不足，海运市场复苏仍十分脆弱。同时，极端气候和自然灾害频发，海盗、恐怖主义活动、全球难民潮等非传统安全因素也困扰着海运业的可持续发展。

二是科技进步对海运业机遇和挑战并存。科技发展日新月异，网络通信、大数据、人工智能等新技术在船舶建造、营运领域不断投入应用，智能船舶、无人驾驶船舶等应运而生，给航运业、造船业乃至整个海运产业链带来变革性影响，给海事法律和标准体系、船员履职能力等方面带来了新挑战。

三是节能减排、绿色发展逐渐从理念转化为行动。巴黎协定后，人类应对气候变化步入具体实施的轨道，国际社会包括海运在内的领域减排期望不断提升。近年来，海运业推行节能减排自觉意识、内生动力持续增长。推进低碳、环保技术的开发和利用正在成为海运业新的经济增长点。

主席先生、各位代表，海运业正进入一种发展速度、发展方式、发展内涵和发展动力不同以往的新常态。为积极应对，我们应在以下几方面共同努力：

第一，适应并驾驭海运技术发展与变革。

要鼓励新技术规范发展。有序推进智能航运、无人驾驶船舶的试点、示范应用，深入开展"海上无人驾驶船舶监管"研究，探索智能航运安全监管体系建设。

第二，稳妥推进海运温室气体减排工作。

要讲究实效，注重公平。在坚持海运温室气体减排"三步走"战略路线图的基础上，制定海运减排战略；有关指导原则应与气候变化框架公约原则保持一致，充分考虑发展中国家的特殊情况、需求和可能受到的影响，提供包括技术合作和转让、资金、能力建设在内的配套措施。

第三，不断提升全球海事治理能力建设。

要加强全球海事治理伙伴关系建设，不断改善各国履约能力。兼顾不同地区、不同发展水平国家的需求，提供技术培训，促进南北合作、南南合作，让海运各利益方共享海事治理的成果,扩大 IMO 公约在全球的普遍、有效适用。

主席先生、各位代表,作为负责任的发展中大国,中国政府高度重视并积极参与 IMO 的各项工作,为保障海上航行安全、保安、保护海洋环境、海运便利化和应对气候变化提供"中国方案",贡献中国智慧。中国政府全面推进海事治理体系改革,不断提升自身能力建设,更好地履行船旗国、港口国和沿岸国在 IMO 框架下的使命和责任。

作为 IMO 大家庭的一员,中国政府积极参与 IMO 技术合作工作,上届大会以来,向 IMO 技术合作基金提供了约 60 万美元的捐款。同时,我们与 IMO 合作举办了多期培训、交流项目,覆盖了 20 多个亚太地区国家,共 186 人次。

特别是今年 5 月"一带一路"国际合作高峰论坛期间,中国交通运输部与国际海事组织(IMO)签署了《关于通过"21 世纪海上丝绸之路"倡议推动 IMO 文件有效实施的合作意向书》。5 月 15 日,IMO 亚太海事技术合作中心(MTCC)在上海正式成立。

中国政府一贯倡导并支持在 IMO 多边法律框架下解决全球海运界共同关注的问题,维护 IMO 的权威性和有效性。中国愿意做积极的建设者和贡献者,与 IMO 其他成员国一道,为实现"安全、保安、绿色、高效航运"的目标而不懈努力。

谢谢主席先生!

第四部分

其他事项

2017 年国际海事组织大事记

一、IMO 第 30 届大会在伦敦召开

2017 年 11 月 27 日,IMO 第 30 届大会在伦敦隆重举行,包括 50 多位部级代表和大使在内的共 160 多个国家的 1 500 多名代表出席大会。会议审议通过了该组织 2018—2023 年战略规划,包括 2018—2019 年双年度产出清单。12 月 1 日,大会举行了新一届理事会选举,161 个成员国就理事竞选进行了投票,产生了 40 个理事国。中国再次当选为 A 类理事国,其他 9 个 A 类理事国分别为希腊、意大利、日本、挪威、巴拿马、韩国、俄罗斯、英国和美国。新一届理事会的任期为两年(2018—2019 年)。

二、选举产生新一任理事会主席

理事会是 IMO 的执行机构,主要监管 IMO 各项工作的开展情况并对 IMO 大会负责。在 2017 年第 30 届 IMO 大会结束后,新当选的理事国于 2017 年 12 月 7 日召开了第 119 届理事会会议,并推选出任期两年的新一任理事会主席和副主席。中国交通运输部国际合作司副司长张晓杰当选新一届理事会主席。

三、确定 2018 年"世界海事日"主题

2017 年"世界海事日"的主题为:Connecting Ships,Ports and People(船·港·人——互联互通),旨在为港航合作及业界从业者搭建桥梁。其主要目标将包括改善港口和船舶之间的合作,并发展更紧密的伙伴关系;提高全球标准并为港口安全、保安和效率以及港口和沿海国管理当局设定规范;通过确定和制定最佳实操指南和培训材料使港口程序标准化。

国际海事组织第 30 届大会确定了 2018 年"世界海事日"的主题,即"国际海事组织 70 周年:我们的传承——航运更好、未来更美"。

四、举办第七个"世界海员日"庆祝活动

2017 年 6 月 25 日是第七个"世界海员日"纪念日。本届主题是"Seafarers Matter"(海员很重要)。IMO 举办"世界海事日"活动,不仅为了感恩海员对国际海运贸易、世界经济和整个人

类社会所做出的独特贡献,还旨在鼓励世界各地的港口和海员组织来展示它们是如何支持海员的。另外,在这届活动中IMO还启用了新的"世界海员日"标志。

五、颁发2016年"国际海事奖"

在2017年11月召开的第30届IMO大会期间,IMO举行了2016年度"国际海事奖"颁发仪式。2017年7月,IMO第118届理事会一致决定,将该奖项颁发给IMO前任秘书长关水康司,以表彰他对该组织和整个国际海事界所做出的杰出贡献。关水康司一直致力于促进海上人命安全和保护海洋环境,1989年加入IMO秘书处,在海上安全和海洋环境司工作并担任主任职务,2012—2015年升任秘书长,监督并通过了一系列重要法规文书,其中包括使IMO成员国审核机制强制化的修正案、《极地规则》和《开普敦渔船安全协定》等。

六、选定2017年"国际海事奖"的获得者

IMO第120届理事会于2018年7月2日—5日在伦敦召开。会上投票决定将2017年"国际海事奖"授予丹麦海事管理局前副局长比尔吉特·索林·奥尔森女士,以表彰她对IMO及整个海事领域所做出的突出贡献。

在提名中,丹麦共和国强调了奥尔森女士杰出的海事职业生涯并高度赞扬了她为实现IMO目标所做的重要努力。她不仅在海商法方面学识深厚,而且对贸易和航运业的发展潜力有着独到的见解。她作为丹麦代表之一参加了IMO的多次审议工作,其间重点致力于探索一些重点问题的国际解决方案,如国际油污赔偿基金、打击海盗国际指南的制定、《2007年内罗毕国际残骸清除公约》的制定和通过等。她还在IMO和ILO的工作中孜孜不倦地努力以确保海员问题得到有效解决,如海员培训和教育、工作环境和人身安全等。

七、颁发2017年IMO"海上特别勇敢奖"

IMO每年评选一次"海上特别勇敢奖",主要表彰那些甘愿冒着生命危险,以勇敢的行动和超乎寻常的勇气,设法救援海上人命,防止或最大限度地减小对海洋环境损害的人们。

2017年11月27日,IMO在其第30届大会期间举办了特别庆典,将2017年"海上特别勇敢奖"授予了美国休斯敦引航站的2名引航员和我国连云港海事局"海巡0611号"的卢国强船长。

2016年9月6日午夜,当麦琪船长和菲利普斯船长在休斯敦航道引领247米长的阿芙拉型"River号"油船时,突遇机器故障、船舶失控,导致该船撞到2个缆桩。随后,该船上一个燃油舱破裂,火势迅速在航道蔓延。但是这两名引航员临危不惧、沉着应对,避免了一场重大灾难,此举获得了业界的认可。鉴于两名引航员的突出表现,国际海上引航协会(IMPA)提名他们参加IMO"海上特别勇敢奖"的评选。在伦敦举行的第118届IMO理事会上,评审小组决定

授予他们该奖项。

2016年3月8日18时,中国连云港海上搜救中心接到报警:"苏连云港货1677号"在连云港灌河口海域搁浅,船舶有沉没危险,7名船员遇险,情况十分紧急。卢国强船长在海域气象海况极其恶劣的条件下,驾驶"海巡0611号"克服重重困难,历经18个小时将7名遇险船员全部安全救下。在IMO第30届大会上,评审小组决定授予卢国强船长"海上特别勇敢奖"。

八、极地规则和气体燃料动力船安全规则生效

2017年1月1日,旨在保护极地的关于航行于该水域的船舶作业规则,即《极地规则》生效。这标志着IMO在解决该关键问题方面的工作取得了历史性进展。该项专门针对极地环境保护的规则,远远超过了MARPOL和SOLAS等IMO现有公约的规定范畴,而后者的相关规定已在全球范围内适用并仍将适用于极地水域的船舶运输。

与此同时,一部关于气体燃料动力或其他低闪电燃料动力船舶的强制性规则[即《使用气体或其他低闪点燃料船舶安全国际规则》(IGF规则)]也在2017年1月1日生效了。该规则规定了对该类船舶上船员的培训新要求。气体和其他低闪电燃料相对清洁,因为这些燃料向大气排放硫氧化物和微粒物质等污染物的量较少。但是,这类燃料自身存在安全隐患,需要谨慎对待。IGF规则考虑了这类燃料所具有的特性,旨在减少对船舶、船员和环境的威胁。

九、"海上水面自主船舶规则适用研究"获得IMO立项

认识到海上水面自主船舶(MASS)的运营将涉及安全、保安、船岸互动、引航、事故应急响应和环境保护等领域的法规或标准调整,MSC第98届会议批准设立了新的工作项目——海上水面自主船舶法规梳理。

2018年召开的MSC第99届会议审议了MASS的定义、等级划分、可适用的IMO规则梳理范围、梳理方法与梳理计划等事宜。就MASS的定义和分级,会议认为目前难以给出准确的定义及对自主水平进行精准的分级。为了避免限制其发展,会议仅从便利规则梳理的角度,将MASS的含义暂定为"在不同程度上可不依赖人为干预而运行的船舶"。MASS的等级也暂定为四级,即"配备自动系统和辅助决策的船舶""有船员在船的遥控船舶""无船员在船的船舶""完全自主船舶"等。会议还形成了法规梳理的清单,并计划于2020年完成梳理任务。

十、全球海事技术合作中心网络正式建立

2017年12月4日,全球海事技术合作中心网络在IMO总部正式建立。五个地方性"海事技术合作中心"的负责人共同签署了一份关于建立全球海事技术中心网络的谅解备忘录。这些海事技术合作中心网络分布在非洲地区、亚洲地区、加勒比海地区、拉丁美洲地区和太平洋地区,由IMO负责运营并由欧盟提供资金。

这些海事技术合作中心将会在船舶高效利用能源的技术研发以及减少船舶污染物排放等方面起到带头作用。通过区域性合作,这些海事技术合作中心将有助于各国制定相关国内政策和措施,促进海上交通领域采用低碳技术并低碳运营,建立自愿性低碳信息采集和报告系统。

这五个海事技术合作中心分别是:

(1)非洲地区:由肯尼亚蒙巴萨岛的乔莫·肯雅塔农业技术大学建立;

(2)亚洲地区:由中国的上海海事大学建立;

(3)加勒比海地区:由特立尼达和多巴哥大学建立;

(4)拉丁美洲地区:由巴拿马国际海事大学建立;

(5)太平洋地区:由斐济苏瓦的太平洋共同体建立。

十一、国际海事组织成员增至 174 个

2018 年 5 月 14 日,瑙鲁向联合国秘书长交存了国际海事组织公约接受书,成为 IMO 新成员。至此,IMO 已有成员 174 个,联系会员 3 个。

（内容编辑:鲍君忠①）

---

① http://www.imo.org/en/MediaCentre/PressBriefings/Pages/01 – IGF.aspx.

IMO 第 30 届大会简报

IMO 第 30 届大会于 2017 年 11 月 27 日—12 月 6 日在英国伦敦召开。交通运输部何建中副部长率团出席会议。

一、基本情况

IMO 的 165 个成员、联系会员中国香港以及 30 多个国际组织共 1 500 余名代表出席了会议。国际海运界对此高度重视,近 60 个国家派部级代表团与会。大会由智利驻英大使 Rolando Drago 先生主持。

会议选举产生了 IMO 新一届理事会成员,审议并批准了 2018—2023 年 IMO 六年战略规划[具体见附件第 A.1110(30)号决议]、2018—2019 年度 IMO 财务预算①,以及过去两年来 IMO 各委员会的工作报告,并就 IMO 海上航行安全、海上便利运输等国际海运界普遍关心的问题通过了多项大会决议。

开幕式当天,IMO 还举行了“海上特别勇敢奖”颁奖典礼。经评选,我国连云港海事局“海巡 0611 号”船长卢国强获表扬信。

二、会议主要内容和成果

(一)阐述中国主张,为全球海事治理贡献中国智慧

在大会全会一般性发言中,何建中副部长深刻分析了全球海运业面临的新形势、新挑战,提出了国际海运界的努力方向和行动方案。他指出,当前全球海事治理环境正在发生着深刻的变化,海运业可持续发展面临考验,科技进步对海运业机遇和挑战并存,节能减排、绿色发展逐渐从理念转化为行动。为应对海运业发展的新常态,国际海运界应在以下方面共同努力:一是适应并驾驭海运技术发展与变革,鼓励新技术的规范发展;二是稳妥推进海运温室气体减排工作,讲求实效,注重公平;三是不断提升全球海事治理能力建设,加强全球海事治理伙伴关系建设,不断改善各国履约能力。何建中副部长表示,作为负责任的发展中大国,中方不仅认真履行在 IMO 的使命和责任,也致力于为发展中国家能力建设提供力所能及的支持。中国愿做全球海事治理体系积极的建设者和贡献者,为实现“安全、环保和高效航运”而不懈努力。何建中副部长的发言引起了广泛的共鸣。

---

① 2018 年 IMO 会费总额为 3 186.4 万英镑,2019 年为 3 324.2 万英镑,同比增长 5.8% 和 4.3%。

（二）中国以最高票连任 A 类理事

新一届理事会选举是本届大会的最大看点。根据危地马拉提议,本届理事会选举严格遵循 IMO 组织公约的规定,A、B、C 三类理事均通过投票选举产生。A 类理事按照得票数量依次为中国、日本、意大利、巴拿马、希腊、韩国、俄罗斯、英国、挪威和美国。共有 161 个成员进行了投票,其中有效票 160 张,废票 1 张,我国和日本并列第一获 155 票;B 类理事分别为德国、印度、澳大利亚、法国、加拿大、西班牙、巴西、瑞典、荷兰和阿联酋,德国获 146 票居第一,阿根廷和孟加拉国落选;C 类 20 个理事依次为:新加坡、土耳其、塞浦路斯、马耳他、摩洛哥、埃及、墨西哥、印尼、马来西亚、秘鲁、比利时、智利、菲律宾、丹麦、南非、牙买加、肯尼亚、泰国、利比里亚和巴哈马,新加坡获 142 票居第一,沙特阿拉伯、安提瓜和巴布达、尼日利亚和阿尔及利亚落选。

三、我国不断提升在全球海运治理的影响力

（一）国际海运格局稳中有变

2017 年 IMO 理事会构成依然延续近年总体格局。发展中国家和发达国家力量对比保持相对平衡,在理事会席位各占半数左右;政治、地缘仍是影响理事选举的重要因素,航运利益、海上贸易等不再是当选的决定性标准,传统海运大国、新兴发展中大国、主要方便旗国家以及区域代表性国家在全球海事治理体系中占有主导地位。在 2017 年理事国选举中,亚洲国家占 11 席,地位得到进一步巩固;欧洲国家(包括俄罗斯)占 14 席,地位稳固;美洲有 9 个国家入选;非洲只有 5 个国家入选,力量依然较弱。从次区域看,中东、地中海区域国家占 6 席,代表性有所增强。总体来看,随着亚洲在世界海运版图的整体性崛起,亚洲与欧洲传统航运中心呈现出齐头并进的发展态势。

（二）我国国际地位和影响力持续提升

我国最高票连任 A 类理事与国际格局演变、我国推进"一带一路"建设、交通运输领域积极践行新型全球治理观密切相关。近年来,国际体系和国际秩序经历着深度调整,国际力量对比发生着深刻变化。我国推动建立以合作共赢为核心的新型国际关系,致力于打造全球伙伴关系网络,积极推进"一带一路"建设,切实加强务实合作,使我国日益走近了世界舞台的中央。近年来,我国广泛深入参与 IMO 各领域工作,在海运温室气体减排谈判、保障海上航行安全等重要议题上提供建设性方案,积极贡献中国智慧;我国秉持正确义利观,加强 IMO 技术合作,帮助其他发展中国家进行海事能力建设,这些工作得到了国际社会的高度认可。

（三）发展中国家推动全球海运治理体系变革的呼声越来越高

会上,发展中国家表现得十分活跃,许多小岛国、拉美国家纷纷在大会上发声,表达自身对应对气候变化、加强技术合作、分享全球治理成果的关切和诉求。他们希望提升在 IMO 的代表性和话语权,提高决策的民主化和透明度,推动全球海事治理体系朝公平合理的方向发展。如何维护和体现公平正义将成为在 IMO 框架下全球治理新的发展方向,也将作为未来一段时期 IMO 理事会、大会讨论的重点议题。

我国参与国际规则议定

在 2017 年举行的 IMO 第 30 届大会上,中国再次当选 A 类理事国,这是中国第 15 次当选 A 类理事国。近年来,为落实交通运输部国际海事组织事务工作机制的有关部署,工作机制各成员单位做出了共同努力,他们在 IMO 一系列重要议题上的发声,为我国参与全球治理,进一步提升国际话语权贡献了中国智慧。在过去的一年中,我国在 IMO 事务工作上取得的重要成果包括:

中国共向 2017 年召开的 IMO 相关委员会及分委会提交提案 52 份,其中单独提案 47 份,联合提案 5 份,具体内容如下表所示:

2017 年中国提交提案详表

序号	提案会议	文件编号	联合提案方	提案名称
1	海上安全委员会第 98 届会议	MSC 98/20/7	中国	Proposal for a new output to develop safety standards for cold ironing of vessels and guidance on safe operation of On-shore Power Supply (OPS) service in port
2	海上安全委员会第 98 届会议	MSC 98/3/3	中国、日本、菲律宾和美国	Proposal for a consensus SOLAS regulation Ⅱ-1/6 (Required subdivision index R) for passenger ships
3	海上安全委员会第 98 届会议	MSC 98/22/5	中国	Considerations on lessons learned from the casualty during the sea trial of an azimuth stern drive tug
4	海上安全委员会第 98 届会议	MSC 98/12/3	中国	Experience gained on the application of MSC. 1/Circ. 1394/Rev. 1
5	海上环境保护委员会第 71 届会议	MEPC 71/INF. 9	中国	Information on a new technology of ballast water management systems for economical and practical compliance with the Ballast Water Management (BWM) Convention and its guidelines
6	海上环境保护委员会第 71 届会议	MEPC 71/INF. 10	中国	Study on the Persistent Organic Pollutants (POPs) in ballast water tank sediments under article 5 of the BWM Convention
7	海上环境保护委员会第 71 届会议	MEPC 71/INF. 1	中国	Study on the heavy metals in ballast water tanks sediments under article 5 of the BWM Convention

（续表）

序号	提案会议	文件编号	联合提案方	提案名称
8	海上环境保护委员会第71届会议	MEPC 71/INF.17	中国	Development of an indicative analysis device for the compliance check with the BWM Convention
9	海上环境保护委员会第71届会议	MEPC 71/INF.18	中国	Information about the Study on the implementation of the ballast water performance standard described in regulation D-2 of the BWM Convention
10	海上环境保护委员会第71届会议	MEPC 71/4/15	中国	Proposed amendments to section E of the BWM Convention regarding survey and certification requirements for BWM
11	海上环境保护委员会第71届会议	MEPC 71/4/17	中国	Comments on the draft alternate amendments to regulation B-3 of the BWM Convention and associated draft MEPC resolution
12	海上环境保护委员会第71届会议	MEPC 71/5/8	中国	Proposed amendments to the 2013 Interim Guidelines for determining minimum propulsion power to maintain the manoeuvrability of ships in adverse conditions
13	海上环境保护委员会第71届会议	MEPC 71/5/9	中国	Proposed draft amendments to MARPOL Annex VI to develop a unified fuel verification procedure for different kinds of fuel oil samples
14	海上环境保护委员会第71届会议	MEPC 71/5/15	中国、印度和俄罗斯	Efficient implementation of MARPOL Annex VI provisions
15	海上环境保护委员会第71届会议	MEPC 71/7	中国、印度	Proposal on the development of the comprehensive IMO Strategy on reduction of GHG emissions from ships
16	货物与集装箱运输分委会第4次会议	CCC 4/3/2	中国	Proposed amendments and corrections to the IGF Code
17	货物与集装箱运输分委会第4次会议	CCC 4/INF.8	中国	Information to support the new individual schedule for Brucite
18	货物与集装箱运输分委会第4次会议	CCC 4/5/4	中国	Comments on the report of the twenty-sixth session of the Editorial and Technical Group
19	货物与集装箱运输分委会第4次会议	CCC 4/5/5	中国	New individual schedule for Brucite

（续表）

序号	提案会议	文件编号	联合提案方	提案名称
20	货物与集装箱运输分委会第 4 次会议	CCC 4/6/11	中国	Provisions for batteries installed in the cargo transport units
21	人的因素、培训与值班分委会第 4 次会议	HTW 5/3/13	中国	Proposal on development of an Action Verb Taxonomy for the Detailed Teaching Syllabus applicable to IMO model course development and revision
22	人的因素、培训与值班分委会第 4 次会议	HTW 5/5	中国	Proposed amendments to table B-I/2 of STCW Code
23	人的因素、培训与值班分委会第 4 次会议	HTW 5/INF. 2	中国	Introduction to the study on the monocular vision in the transportation industry
24	人的因素、培训与值班分委会第 4 次会议	HTW 5/INF. 3	中国	Introduction to the application of Massive Open Online Courses（MOOC）in maritime education and training
25	人的因素、培训与值班分委会第 4 次会议	HTW 5/7	中国	Proposal on promoting the application of casualty cases and lessons learned to seafarers' training and education
26	人的因素、培训与值班分委会第 4 次会议	HTW 5/8/3	中国	Comments on module 2 of the draft Guidelines on Fatigue
27	人的因素、培训与值班分委会第 4 次会议	HTW 5/15	中国	Proposal on transitional arrangements for future amendments of the STCW Convention and Code
28	履行国际海事组织文书分委会第 4 次会议	III 4/INF. 33	中国	Introduction on the use of typical marine casualty cases in seafarers' training and education by China MSA
29	履行国际海事组织文书分委会第 4 次会议	III 4/7/1	中国	Proposals for improving the communication of information by Member States
30	履行国际海事组织文书分委会第 4 次会议	III 4/8	中国	Non-exhaustive list of obligations under instruments relevant to the IMO instruments implementation Code（III Code）— Report of the Correspondence Group
31	履行国际海事组织文书分委会第 4 次会议	III 4/INF. 23	中国	Table of comparison of the existing Model Agreement and the draft revised Model Agreement with the corresponding provisions of the RO Code

（续表）

序号	提案会议	文件编号	联合提案方	提案名称
32	履行国际海事组织文书分委会第4次会议	III 4/11	中国	Draft revised Model Agreement for the authorization of recognized organizations acting on behalf of the Administration
33	履行国际海事组织文书分委会第4次会议	III 4/11/1	中国	Policies and principles to be considered in the review of the Model Agreement for the authorization of recognized organizations acting on behalf of the Administration
34	履行国际海事组织文书分委会第4次会议	III 4/11/2	中国	Explanatory notes for the draft revised Model Agreement for the authorization of recognized organizations acting on behalf of the Administration
35	航行、通信与搜救分委会第4次会议	NCSR 4/4/5	中国	Proposal to issue electronic certificates in order to enhance the management of LRIT Conformance Test Reports
36	航行、通信与搜救分委会第4次会议	NCSR 4/6/1	中国	Clarification on how to implement performance standards for multi-system shipborne radionavigation receivers
37	航行、通信与搜救分委会第4次会议	NCSR 4/7	中国	Report of the Correspondence Group on the Development of additional modules to Performance Standards for Integrated Navigation System（INS）
38	船舶设计与建造分委会第4次会议	SDC 4/3/3	中国	Comments on document SDC 4/3/1
39	船舶设计与建造分委会第4次会议	SDC 4/INF. 5	中国	Supplementary sample ship matrix calculations for parametric rolling, pure loss of stability and excessive acceleration criteria
40	船舶设计与建造分委会第4次会议	SDC 4/INF. 6	中国	Sample ship calculations for dead ship stability criteria
41	船舶设计与建造分委会第4次会议	SDC 4/5/2	中国	Proposals on parametric rolling level 2 criteria
42	船舶设计与建造分委会第4次会议	SDC 4/5/3	中国	Comments on excessive acceleration level 2 criteria
43	船舶设计与建造分委会第4次会议	SDC 4/5/4	中国	Comments on level 2 criteria for surf-riding/broaching stability failure mode
44	船舶设计与建造分委会第4次会议	SDC 4/5/5	中国	Comments on the draft Guidelines on direct stability assessment procedures

（续表）

序号	提案会议	文件编号	联合提案方	提案名称
45	船舶设计与建造分委会第4次会议	SDC 4/7	中国	Proposal on enhancements to graphical symbols for damage control plans for passenger ships
46	船舶设计与建造分委会第4次会议	SDC 4/15	中国、法国、印度、日本、韩国、俄罗斯、美国、安提瓜和巴布达与航海学会	Progress made on the draft Guidelines for Wing-In-Ground（WIG）craft
47	船舶系统与设备分委会第4次会议	SSE 4/3/1	中国	Gained experience on the verification of completeness of functional requirements
48	船舶系统与设备分委会第4次会议	SSE 4/7	中国	Proposal for an additional requirement for pipes of fixed gas fire-extinguishing systems in under-deck passageways
49	船舶系统与设备分委会第4次会议	SSE 4/8/3	中国、中国香港	Proposed amendments to SOLAS
50	船舶系统与设备分委会第4次会议	SSE 4/8/4	中国	Comments on the report of the Correspondence Group
51	船舶系统与设备分委会第4次会议	SSE 4/12/8	中国	Unified interpretations on the fire test requirements for damping materials for reducing noise and vibration level
52	船舶系统与设备分委会第4次会议	SSE 4/18/2	中国	Proposal to review the liferaft requirements of SOLAS Chapter Ⅲ

我国参与 IMO 事务工作概要

一、中国第 15 次连任国际海事组织 A 类理事

2017 年 12 月 1 日，在伦敦召开的国际海事组织第 30 届大会举行了新一届理事会选举，161 个成员就理事竞选进行了投票。中国以最高票再次当选该组织 A 类理事，其余 A 类理事按照得票数依次为：日本、意大利、巴拿马、希腊、韩国、俄罗斯、英国、挪威和美国。

这是中国第 15 次连任 A 类理事。按照国际海事组织公约，大会共选举产生 40 个理事国，A 类理事为 10 个航运大国，B 类理事为 10 个海上贸易大国，C 类理事为 20 个代表世界主要地理区域的重要海运国家。[①]

二、何建中副部长在 IMO 第 30 届大会上发表讲话

国际海事组织第 30 届大会于 2017 年 11 月 27 日—12 月 6 日在伦敦 IMO 总部召开，我国交通运输部何建中副部长率代表团出席会议。2017 年 11 月 27 日，何建中副部长在本届大会上发表讲话。在讲话中，他从海运业可持续发展面临的挑战、科技进步对海运业的促进作用及节能减排与绿色发展理念的行动转化三个方面，对自第 29 届大会以来全球海运治理环境的主要变化进行了简要回顾。何建中副部长还从应对海运技术发展与变革、推进海运温室气体减排工作及提升全球海事治理能力三个方面提出了国际海事未来工作的重点发展方向。[②]

三、我国代表首次当选理事会主席

2017 年 12 月 7 日，国际海事组织理事会第 119 届会议在英国伦敦总部召开。中国交通运输部国际合作司副司长张晓杰当选会议主席。这也是我国代表首次当选理事会主席。

理事会是国际海事组织的重要决策机构，在大会休会期间履行大会职能，审议该组织战略规划、预算、人事以及成员国审核等重点议题。继我国高票连任国际海事组织 A 类理事国后，中国代表的当选再次体现了在海事领域国际社会对我国的认可。[③]

---

① http://www.china.com.cn/news/2017-12/03/content_41961702.htm.

② http://imcrc.dlmu.edu.cn/info/1060/3129.htm.

③ http://www.china.com.cn/news/txt/2017-12/08/content_41974503.htm.

四、交通运输部与 IMO 签署合作意向书

2017 年 5 月 14 日,"一带一路"国际合作高峰论坛期间,交通运输部部长李小鹏与 IMO 秘书长林基泽共同签署了《中国交通运输部与国际海事组织关于通过"21 世纪海上丝绸之路"倡议推动 IMO 文件有效实施的合作意向书》,双方将加强合作,帮助发展中国家培养海运人才和加强能力建设。

这是我国以"一带一路"倡议为契机,参与并推动全球海事治理的又一有力行动。对于推动 IMO 文件的有效实施及增强可持续海运发展能力起到了积极作用,履行了大国责任,体现了大国担当。①

五、交通运输部海事局官员再次成功当选 CCC 会议主席

在英国伦敦 IMO 总部召开的货物与集装箱运输分委会(CCC)会议上,来自交通运输部海事局的谢辉同志再次成功当选会议主席,这是谢辉同志自 2012 年起连续第 6 年担任 CCC 会议主席。会议充分肯定了谢辉同志在危险品货物运输、船舶操作、管理、配员等相关领域所具有的专业知识和丰富的工作经验,以及良好的组织和协调沟通能力,他的表现得到了 IMO 秘书处及各国代表的高度赞扬。②

六、承办国际海事组织亚太地区海事技术合作研讨会

2017 年 4 月 20 日,"IMO 示范课程开发、修订、使用区域研讨"开幕式在大连海事大学举行。IMO、交通运输部海事局、辽宁海事局、大连海事大学等相关领导出席开幕式。来自日本、韩国、新加坡、马来西亚、缅甸、越南等 6 个国家的 9 名国外学员以及国内各海事局、海事院校的 24 名学员参加了此次培训。本次 IMO 主办的关于示范课程开发、修订、使用的区域研讨,将有助于提升亚洲区域示范课程开发、修订和使用的整体水平,促进国际先进知识、技术、理念的交流和共享,助力发展中国家更好地履行国际公约。③

2017 年 4 月 24 日,由 IMO 和中国海事局联合主办的海员考试评估区域培训在上海开班,培训由上海海事局承办,上海海事大学具体实施,历时一周。来自韩国、新加坡、马来西亚、缅甸、越南、印度尼西亚及中国的 35 名学员参加了此次培训。本次培训作为 IMO 2017 年度综合技术合作项目(ITCP)之一,旨在更新 IMO 亚洲成员国评估员和主管机关的海员考试及评估管理相关知识,提高相关成员国政府履行 STCW 公约的能力,促进相关成员国政府海员履约事务

---

① https://www.yidaiyilu.gov.cn/xwzx/bwdt/13612.htm.

② http://www.maritime-china.com/magazine/article/articleFront.do? method = viewNewsDetail&categoryId = 4&id = 4450.

③ http://www.dlmu.edu.cn/info/1094/2121.htm.

的合作交流。①

2017 年 12 月 4 日—12 月 15 日，IMO 船旗国和港口国监督检察官区域培训在上海举行。来自中国、柬埔寨、马来西亚、缅甸、老挝、越南、印度尼西亚、菲律宾、泰国等国家海事系统的 18 名学员及代表参加了本次培训，IMO、上海海事局、上海海事大学等相关领导出席了开幕式。本次培训将由来自 IMO、上海海事局、上海海事大学和 DNV-GL 集团②的 8 位专家按照 IMO 示范课程的要求进行授课，内容涵盖《海上人命安全公约》（SOLAS）、《1978 年海员培训、发证和值班标准国际公约》（STCW）、《国际劳工公约》（MLC）和《被认可组织规则》（RO Code）等国际公约、IMO 信息系统、案例分析、模拟和实船港口国监督检查等。③

2017 年 12 月 11 日，IMO 区域性 PSC 检查官培训班的 18 位学员和 IMO 两位代表，在 DNV-GL 资深讲师的带领下对"MILD TUNE"船开展了实船检验教学活动。本次 IMO 区域性 PSC 培训，是中国海事局与 IMO 各成员政府分享 PSC 检查方面的成功经验的尝试，也是响应国家"一带一路"倡议的具体行动，助力高端海事管理人才培养和海事管理水平提升。④

2017 年 12 月 16 日，东盟地区论坛渡运安全研讨会由交通运输部海事局、菲律宾海事工业局共同主办，广东海事局承办。菲律宾、新加坡、柬埔寨、印度尼西亚、马来西亚、泰国、越南等东盟国家和中国、美国、澳大利亚、日本、韩国、孟加拉国、中国澳门等 14 个国家和地区，以及 IMO、国际渡运协会、世界渡运安全协会等国际组织的代表，对涉客渡运安全治理、区域合作等进行了深入讨论，并达成广泛共识，通过了首份东盟地区论坛渡运安全声明文件——《广州声明》。与会代表高度关注中国渡运安全治理方案，而中国也为区域渡运业界提供了安全管理典范。⑤

七、国际海事高端人才培养

2017 年 8 月 26 日，大连海事大学与世界海事大学联合培养的第十二期"海上安全与环境管理联合项目"毕业典礼暨学位授予仪式在大连海事大学举行。自 2005 年，大连海事大学与世界海事大学合作的"海上安全与环境管理联合项目"获得教育部批准开班以来，至今已为国内外海事系统成功培养了 12 届共 477 名学员。除中国学员之外，部分学员还来自印度、新加坡、缅甸、马来西亚、印度尼西亚、坦桑尼亚、越南等国家。来自世界海事大学和大连海事大学的 16 位国际海事领域的知名专家和教授承担了项目的授课任务。未来两校希望在科研与人才培养等诸多方面进一步加强合作。⑥

2017 年 8 月 27 日，上海海事大学与世界海事大学合作举办的"国际运输与物流硕士项

---

① http://www.caop.org.cn/detail.jsp? article_millseconds = 1493860958812.

② 挪威船级社 DNV 与德国劳氏船级社 GL 合并组建 DNV GL 集团。

③ http://www.shmtu.edu.cn/.

④ http://www.shmsa.gov.cn/hsyw/71519.jhtml.

⑤ http://www.rmjtxw.com/news/hyxw/20220.html.

⑥ http://www.dlxww.com/news/content/2017-08/27/content_2036719.htm.

目"第十二届学生毕业典礼在上海举行。上海海事大学、世界海事大学的相关领导,21 世纪丝绸之路研究院、交通运输学院、国际教育学院、国际交流处等相关人员出席毕业典礼。该项目自 2004 年开办至今,已为国际运输与物流领域输送了 380 余名高级专业人才,其中包括 30 余名来自德国、美国、希腊、土耳其、印度、印尼、泰国、韩国等地的留学生。①

八、成立 IMO 亚洲海事技术合作中心

2017 年 5 月 15 日,由欧盟资助、IMO 授权设立、上海海事大学主办的亚洲海事技术合作中心(MTCC Asia)成立仪式在上海海事大学举行。

2017 年 9 月 18 日—22 日,来自 20 多个国家的 40 余位亚洲海事主管机构人员齐聚上海 IMO MTCC Asia,参加为期 5 天的该中心区域研讨会。IMO 环保司副司长 Jose Matheickal 在研讨会上表示,MTCC-Asia 区域研讨会旨在组织各国海事主管机构人员共同探讨与促进船舶节能减排方面的技术合作,以达到减少船舶有害气体排放的目的。②

---

① http://www. shmtu. edu. cn/imagenews/wo-xiao-guo-ji-yun-shu-yu-wu-liu-he-zuo-ban-xue-shuo-shi-xiang-mu-di-shi-er-jie-xue-sheng.

② https://www. sohu. com/a/195945410_772491.

附　录

第 A.1110（30）号决议

2017 年 12 月 6 日通过

（议程第 7 项）

本组织战略计划

（2018—2023 年六年期）

大会，

忆及《国际海事组织公约》，特别是第一章其中第一（一）条和第二章第二（一）和（三）条，

还忆及第 A.500（Ⅻ）号大会决议中有关理事会考虑各委员会优先重点及其对实质性技术和法律事宜的责任的意见后协调各委员会工作的指示，

进一步忆及下列决议：

——第 A.900（21）号决议：本组织在 21 世纪 00 年代的目标；

——第 A.909（22）号决议：国际海事组织的决策——确定本组织的政策和目标，

以及理事会和各委员会关于其工作组织和方法的有关文件，

尤其是忆及大会第 29 届会议通过了关于本组织（2016—2021 年六年期）战略规划的第 A.1097（29）号大会决议，包括在该决议中指示理事会制定一个新战略框架，以替代当前 2018—2019 年双年度的战略规划，

致力于确保以全球一致的方式实现本组织的目标和宗旨并为达到此目的制定明确的优先项目，

考虑到战略方向和可持续发展目标将给国际海运和会员发展海运战略带来的裨益，审议了理事会第 118 届会议的建议，

1　**核准**附件所载的本组织 2018—2023 年六年期战略规划，其中包括：

（a）　使命陈述；

（b）　愿景声明；

（c）　本组织 2018—2023 年战略规划总体原则；

（d）　本组织战略方向；

（e）　评估本组织实施战略方向的绩效指标；

（f）　本组织拟于 2018—2019 年双年度实施的产出清单。

2　**要求**国际海事组织的所有机构,确保全面遵守关于"应用本组织战略规划"的第 A. 1111(30)号大会决议,该决议为在整个组织中应用战略规划,并通过灵活的、易管理的、成比例的、透明的、均衡的、计划性强的管理程序加强现有工作做法,提供了一个统一的基础。

3　**还要求**理事会、海上安全委员会、法律委员会、海上环境保护委员会、技术合作委员会和便利委员会,在向大会第 31 届会议和 2018—2019 年两年期间的理事会会议汇报工作时,通报其按照战略规划框架履行本组织使命所取得的进展。

4　**进一步要求**理事会和秘书长,虑及"应用本组织战略规划"的第 A. 1111(30)号大会决议,酌情跟踪进展,并在必要时对审核更新本战略规划工作进展所需的任何机制进行分析。

5　**邀请**会员、秘书处和其他利益相关方提供必要的数据,以确保充分评估并通报本战略规划下的任何工作进展和成效。

6　**指示**理事会,各委员会,分委会主席、副主席和秘书处确保一致和严格执行"应用本组织战略规划"的第 A. 1111(30)号大会决议和各委员会及其下属机构工作组织和方法的文件。

7　**鼓励**理事会、各委员会和秘书处在审议新产出建议时,酌情按照"应用本组织战略规划"第 A. 1111(30)号大会决议及其工作组织和方法的文件,处理本组织职责范围内的事宜。

8　**要求**各委员会和秘书处,酌情并按照"应用本组织战略规划"的第 A. 1111(30)号大会决议,将其可能列入 2018—2019 年双年度产出清单的任何新产出提交理事会核准。

9　**授权**理事会核准此类新产出并将其列入本决议附件所载的 2018—2019 年双年度产出清单,并将战略规划的任何建议修正案提交大会审议。

10　**决定**确立 2018—2023 年六年期战略方向,并请理事会提请大会注意理事会已同意战略规划的建议修正案,包括每两年对产出进行一次全面更新。

11　**废除**第 A. 1097(29)和第 A. 1098(29)号大会决议。

附　件

本组织战略计划

（2018—2023 六年期）

使命陈述

1　国际海事组织（以下简称"IMO"），作为联合国专门机构，其使命就是通过合作促进安全、保安、无害环境、高效和可持续的航运。实现该使命的途径是，采用海上安全和保安、航行效率和防止及控制船舶造成污染的最高可行标准、考虑相关法律事宜并有效实施 IMO 文书，以期实现全球统一施行。

愿景声明

2　IMO 2018—2023 年的愿景是：

.1　IMO 将维护其作为全球航运监管者的领导作用，促进行业重要性得到更加广泛的认可，提升航运发展水平，同时应对技术和世界贸易持续发展带来的挑战以及满足 2030 年可持续发展议程的需求；

.2　为此，IMO 将聚焦审核、制定、执行并遵守 IMO 文书，积极确认、分析和解决不断出现的问题，支持会员实施 2030 年可持续发展议程。

本组织 2018—2023 年战略规划总体原则

3　战略规划确定了 2018—2023 年将予以特别关注的战略方向。IMO 各机构将按照 IMO 公约第一条，继续履行本组织的宗旨，同时维护全球海运法律体系，确保为参与国际航运的所有会员提供公平竞争的环境。为此，IMO 将维护其领导作用，确保国际航运在经济发展需求、国际贸易便利化、安全与保安及环境保护之间达成平衡。IMO 将确保在其决策过程中充分考虑各利益攸关方的意见，继续重点关注发展中国家的需求，尤其是小岛屿发展中国家（SIDS）和最不发达国家（LDC）的需求。

4　海上人命安全与保安、环境保护以及世界贸易有赖于受雇或从事海运业人员的专业素质和能力，他们需掌握相关技能，并懂得确保 IMO 文书得以有效审核、制定、实施、运用并执行。

5　全球船队的扩张和新兴技术发展的日新月异，增加了对海员的需求。IMO 在审核、制定、实施新的和现行要求时，将考虑人力因素，包括技能、教育与培训、人的能力、局限性和需求。

6　IMO 将通过其自身的工作关注海员的需求和健康，始终高度重视教育和培训，促进性别平等并赋权妇女。

7　IMO 作为联合国专门机构，肩负实现 2030 年可持续发展议程（以下简称"2030 议程"）的重要使命。

2030 议程的通过，包括 17 个可持续发展目标（SDG）和 169 项目标任务，是联合国 193 个成员国为人类和地球的福祉开创可持续发展道路而达成的一项历史性协定。

8　海运是可持续经济发展的根本要素,因为海运是最环保型的运输方式,每单位运输的货物碳排放量最低。海运会同其他运输方式一道,成为实现多个可持续发展目标的重要推动力。

9　IMO 全力致力于实现 2030 可持续发展议程及目标,并与支持会员的合作项目和倡议进行衔接。本组织、其会员、民间团体及海运界将继续共同努力,巩固可持续发展之路。

10　IMO 还将保持并加强与联合国系统其他机构、全球、区域和国家相关方的合作。

11　本组织将一如既往向各利益攸关方展示其继续成功有效实现目标的能力,并通过利益攸关方,促进本组织的工作,这对确保安全、环保和可持续的航运业至关重要。

本组织战略方向

12　IMO 在继续开展工作的同时,确定以下战略方向为其在 2018—2023 年重点关注的领域:

战略方向 1:加强履约

13　IMO 已有近 60 年的经验,制定了 50 多项国际条约及相关标准、导则和其他文本。这些文书只有生效后其条款才得以高效一致地施行,方可实现如此广博的国际法所能带来的全部好处。为此,当前形势要求 IMO 进一步把工作重点放在履约和促进文书的生效工作上。

14　唯有 IMO 文书得以有效统一地施行、各缔约国严格执行,以及有关国家与整个航运界的遵约,IMO 方能实现为其会员创造公平竞争环境这一重要角色。

15　为帮助会员和行业更好地甄别并了解履约存在的困难,IMO 将为其提供需要的信息,并考虑解决困难的办法,包括对会员国审核机制中所发现的问题和/或者从其他渠道获取的数据进行分析。IMO 将在所有利益攸关方之间推行相互交流最佳实践。

16　为实现统一施行的目标,IMO 将继续制定并实施提供精准能力建设的项目和技术合作,以促进、支持履约工作,特别是发展中国家在这方面所做的努力,并将继续对 SIDS 和 LDC 的需求予以特别关注。

战略方向 2:在监管制度中融入新的前沿技术

17　技术的加速发展,新兴的前沿技术将对航运产生重大影响,使更加密切联通、高效的行业与全球供应链更加紧密融合。这种新型技术早已通过船舶的设计、建造、配备和营运方面带来全方位的变化,并同样影响着船上和岸上的人员。这种技术也为获取大量航运相关的数据提供了渠道。

18　技术的进步带来机遇,但同时也带来挑战,因此须审慎考虑技术的引进,确保其与本组织监管制度相适应。这就需要对其所带来的益处和安全问题、对环境和贸易便利化的影响、对行业潜在的成本以及对船岸人员的影响进行权衡。

19　IMO 的监管制度将不断适应当前航运业面临的挑战和全球发展趋势以确保安全与环保。本组织将通过制定 IMO 文书和性能标准,努力构建适应新兴前沿技术和技术中性化方法的法律框架,不会产生对某一技术的偏爱或因此阻碍另一种技术的发展。

战略方向 3：应对气候变化

20　随着 2030 议程和第 21 次缔约方会议巴黎协定的通过，气候变化及其后果对星球产生的负面影响并能破坏所有国家实现可持续发展能力的这种现象，已被视为当代最大的挑战之一。

21　尽管航运是能效最高的运输方式之一，并已提高能效、减少排放，但航运业将继续在全球实施减少排放战略。本组织已制定全球性船舶能效规则，并将继续考虑采取进一步措施，确保国际航运继续承担应对气候变化的责任。

22　在其履行国际航运全球监管者职能时，IMO 将采取适当的解决办法来减少航运业对空气的污染及对气候变化的影响。在业界的支持下，IMO 将制定既有抱负又切合实际的船舶温室气体减排综合策略。

战略方向 4：参与海洋治理

23　由于海洋资源的勘探利用和海洋所赋予的种种机会的不断增加，以及为工业以外的用户保留海洋空间的压力与日俱增，世界海洋的被利用率正在加剧上升。

24　为确保海洋空间活动的可持续开发，此类活动的开发须与海洋保持长期健康和多样性的承载力相平衡。

25　在有关海洋治理和海洋空间活动的开发讨论中，IMO 积极与其他相关机构开展合作，确保海洋空间的利用不得过于限制航运对全球经济、社会经济进步与发展以及协助实施相关可持续发展目标的支持和贡献能力。

战略方向 5：加强国际贸易全球便利化与安全

26　航运承担着 80%[①]的世界贸易，成为全球经济和供应链的组成部分。因此，防止国际航运遭遇破坏符合各方利益，有必要继续努力，确保船舶从一港到另一港不因抵离手续造成不当延误，从而为国际贸易提供安全的运输和有效的便利，并确保所有国际航行都采取恰当的安全措施。

27　海盗和武装抢劫船舶等威胁会扰乱国际贸易、危及生命并增加海运成本。此外，为确保海上运输网络包括重要航道的安全，IMO 将继续提高对保安措施的认识，鼓励会员和利益攸关方采取合作办法。

28　航运业务越来越依赖于电子和数字技术，也因此面临着网络风险。本组织将继续监测这一问题，并鼓励会员和利益攸关方采取相关合作。

29　电子传输有关信息，例如但不限于文件和证书，简化了船舶、港口和主管机关之间的通信，减少了船上和岸上人员的行政负担，但也面临挑战，如确保信息以普遍接受的形式安全传输并可核查。为充分利用信息的电子交流，主管机关和行业之间在某些情况下需要更加紧密的合作。

30　为此，IMO 将在减少、简化和标准化所需信息方面寻求进一步的国际共识，并将制定

---

① 　数据来源于联合国贸发会（纽约和日内瓦，2015）：《2015 年海运回顾》。

全球解决方案,通过促进电子信息交换来减轻负担,从而平衡岸上主管机关的需要和航运业的利益。

战略方向6:确保监管的有效性

31 作为全球安全、保安和无害环境的航运监管者,IMO这一重要角色要求其在不会造成不必要负担的情况下,确保普遍采用有效的国际监管体系,并始终如一地贯彻执行,支持并整合新的前沿技术。

32 现行的做法借鉴了IMO在制定和采用国际航运标准方面的丰富经验。通过对这些标准的审核,可以确定改进措施,提高现有IMO文书的效力,并在充分考虑建议措施影响和益处的基础上更好地评估制定新规则的必要性。收集并分析现有IMO文书执行情况的资料,应以会员审核机制及其审核结果为基础,并结合数据进行深入分析。

33 IMO的文书须继续在全球范围内实施并适用,并继续确保营造公平竞争的环境。为此,应将信息系统反馈到本组织的监管过程中,从而使本组织能够做出明智的决定,以审核现有规则并制定新的规则。

战略方向7:确保组织的有效性

34 为成功实现本组织的愿景,并应对当前和今后的挑战,在必要时,IMO将改进工作做法,并鼓励会员国更广泛地参与其工作和决策,包括使用适当技术。为有效促进工作,加强知识共享,本组织将考虑通过加强技术和分析能力的办法,收集、管理、分析和报告相关信息和数据。

35 IMO将继续引入并实施最佳做法以开展活动,采取切实高效的方法处理本组织不断变化的工作,从而确保会员国、捐助者和其他合作伙伴获取其所提供资源的最佳价值。

36 本组织成功的核心在于技术娴熟、积极向上的员工,这对其有效应对不断变化的需求至关重要。IMO将确保秘书处继续具备所需的能力,并构建适当的架构支持本组织的工作。

37 IMO将继续有效地管理和利用其财政资源。对此,会员持续承诺提供财政资源以满足本组织的支出并与其他捐助者一道为本组织的活动提供充足的资金来源至关重要。IMO将在其技术合作工作中进一步努力发展与捐助者现有的长期战略关系,同时建立新的关系,并优化其他资金来源。

表1　绩效指标

战略方向	绩效指标(PI)指数	绩效指标(PI)名称
战略方向1：加强履约	PI 1.1	对每一文书(条款与规则)审核发现项引用的数目
	PI 1.2	依照目标完成期采取纠正措施的审核发现和观察项的比例
	PI 1.3	每种船型缺陷和滞留的百分比
	PI 1.4	每一缺陷种类的缺陷百分比
	PI 1.5	已批准每一IMO文书的会员数目，包括尚未生效的文书
	PI 1.6	每一IMO文书所涵盖的世界商船(吨位)的百分比，包括尚未生效的文书
	PI 1.7	为实施纠正措施以解决审核发现和观察项而要求技术合作的会员数目
	PI 1.8	为实施纠正措施以解决审核发现和观察项而接受技术合作的会员数目
	PI 1.9	为受援会员实施IMO文书并收到有效成果的技术合作活动的百分比
战略方向2：在监管制度中融入新的前沿技术	PI 2.1	向IMO提交关于在监管制度中融入新的前沿技术建议的数目
	PI 2.2	将新的前沿技术融入监管制度(如PI 2.1所指定)纳入IMO机构议事日程的产出数目
	PI 2.3	已通过的在监管制度中融入新的前沿技术的修正案数目
战略方向3：应对气候变化	PI 3.1	国际航运排放二氧化碳吨位数
	PI 3.2	改进每一船型参考线已达能效设计指数的百分比
	PI 3.3	用于技术合作活动和与能效和减排有关的重大项目的美元资金支出
战略方向4：参与海洋治理	PI 4.1	MARPOL公约下指定的特别区域的数目，包括排放控制区
	PI 4.2	指定的特别敏感区域的数目(PSSAs)
	PI 4.3	本组织派出代表参加海洋治理会议的数目
	PI 4.4	用于技术合作活动和与海洋治理相关的能力建设的美元资金支出
战略方向5：加强国际贸易全球便利化与安全	PI 5.1	按照《1965年便利海上运输国际公约》第Ⅷ条通知加入该公约的缔约国数目
	PI 5.2	签发电子证书的会员数目
	PI 5.3	拥有电子信息交换系统会员的数目
	PI 5.4	向IMO报告每一事故地理区域内海盗事件的数目
	PI 5.5	向IMO报告偷渡事件的数目
	PI 5.6	用于技术合作活动和针对便利化事务的能力建设的美元资金支出
	PI 5.7	用于技术合作活动和针对保安事务的能力建设的美元资金支出

（续表）

战略方向	绩效指标 (PI)指数	绩效指标(PI)名称
战略方向 6：确保监管的有效性	PI 6.1	根据审核发现项建议审议 IMO 相关文书的具体要求的数目
	PI 6.2	IMO 批准的每一文书条款统一解释的数目
	PI 6.3	四年内生效的每一强制性文书修正案的数目
战略方向 7：确保组织的有效性	PI 7.1	会员、政府间组织和非政府间组织出席 IMO 会议的数目和百分比
	PI 7.2	按最初目标完成期完成的产出的百分比
	PI 7.3	为受援会员开展富有成效的技术合作和能力建设活动的百分比
	PI 7.4	为受援会员开展具有长远影响的技术合作和能力建设活动的百分比
	PI 7.5	可通过电子手段满足的报告要求的百分比
	PI 7.6	G 级、P 级或更高级别空缺职位的百分比
	PI 7.7	收到会员会费的百分比
	PI 7.8	综合技术合作方案双年度资金的百分比
	PI 7.9	从贸易基金盈余中捐助综合技术合作方案的百分比
	PI 7.10	预算外追加捐款（非综合技术方案）的百分比
	PI 7.11	大额捐赠提供的捐款的百分比

表 2　2018—2019 年双年度产出清单①

如适用,参考战略方向	产出编号	说明	完成目标年份	上级机构	有关机构	协调机构
战略方向 1:加强履约	1.1	综合技术合作方案中反映和实施的国际海事组织审核机制的能力建设事宜	连续性	技合会		
	1.2	关于确定发展中国家新需求的输入,尤其是综合技术合作方案所包括的小岛屿发展中国家和最不发达国家的发展需求	连续性	技合会	海安会/环保会/便委会/法委会	
	1.3	经核准的示范培训课程	连续性	海安会	培训分委会	
	1.4	综合审核报告摘要的分析	年度	大会	海安会/环保会/法委会/技合会/履约分委会	理事会
	1.5	《国际海事组织履约规则》相关文书规定的非穷尽义务清单	年度	海安会/环保会	履约分委会	
	1.6	跟踪实施加强海上培训能力的综合技术合作方案计划,包括中级和高级管理水平培训	年度	技合会		
	1.7	确定在海上安全和保安、海洋环境保护、便利海上运输以及海事立法的领域范围内的主题优先重点	年度	技合会	海安会/环保会/便委会/法委会	
	1.8	分析和审议关于国家海运政策发展和国家海事档案的报告	年度	技合会		
	1.9	综合技术合作方案中有关《油污防备、反应和合作公约》《1990年国际油污防备、反应和合作公约——毒害物质议定书》活动的报告	年度	技合会	环保会	
	1.10	支持小岛屿发展中国家和最不发达国家特殊航运需求的综合技术合作方案的报告	年度	技合会		
	1.11	经修订的防污公约附则 I 要求对浮式生产储存和卸货设施和浮式储存装置的应用导则	2019	环保会	防污分委会	
	1.12	审核《2015 年废气滤清系统导则》[第 MEPC.259(68)号决议]	2019	环保会	防污分委会	
	1.13	实施《1990 年国际油污防备、反应和合作公约》《1990 年国际油污防备、反应和合作公约——毒害物质议定书》使用方法指南	2019	环保会	防污分委会	
	1.14	经修订的压载水取样和分析指南	2019	环保会	防污分委会	履约分委会
	1.15	经修订的用于计算活性生物方法指南	2019	环保会	防污分委会	
	1.16	经更新的国际海事组织消油剂导则(第 IV 部分)	2019	环保会	防污分委会	
	1.17	一致执行防污公约附则 V 第 14.1.3 条	2019	环保会	防污分委会	

---

　　① 限于篇幅,本表中"海安会"等缩略语分别代表 IMO 下设机构(委员会、分委会)全称的缩写。

（续表）

如适用,参考战略方向	产出编号	说明	完成目标年份	上级机构	有关机构	协调机构
	1.18	确保船用燃油质量的措施	2019	环保会		
	1.19	批准 2020—2021 年双年度综合技术合作方案	2019	技合会		
	1.20	统一实施《国际救生设备规则》第 6.1.1.3 条	2018	海安会	系统设备分委会	
	1.21	《培训规则指南》第 B-I/2 节	2018	海安会	培训分委会	
	1.22	全面审核《1995 年渔船船员培训、发证与值班标准国际公约》	2018	海安会	培训分委会	
	1.23	修订《疲劳导则》	2018	海安会	培训分委会	
	1.24	对《2008 年氮氧化物技术规则》选择性催化还原系统（SCR）颁证要求的修订	2018	环保会	防污分委会	
	1.25	《废气再循环溢流水排放导则》	2018	环保会	防污分委会	
战略方向 2：在监管制度中融入新的前沿技术	2.1	回应与无线电通信国际电联 R 研究组和国际电联世界无线电通信大会有关的事宜	年度	海安会	航通搜分委会	
	2.2	经核准的采用活性物质的压载水管理系统,并虑及海洋环境保护科学专家组压载水工作组（GESAMP-BWWG）的建议	年度	环保会		
	2.3	《国际使用气体或其他低闪点燃料船舶安全规则》修正案和制定低闪点燃料导则	2019	海安会	培训分委会/防污分委会/设计建造分委会/系统设备分委会	货运分委会
	2.4	针对从事国际航行（2020）的船舶运载超过 12 名产业人员安全标准的强制性文件和/或规定	2019	海安会	设计建造分委会	
	2.5	《安全公约》第Ⅲ-1、Ⅲ章替代设计与布置导则的安全目标和功能要求	2019	海安会	系统设备分委会	
	2.6	完成第二代完整稳性衡	2019	海安会	设计建造分委会	
	2.7	海上自主水面船舶立法范围讨论（MASS）（2020）	2019	海安会		
	2.8	为船舶使用岸电制定导则和必要的《安全公约》第Ⅱ-1、Ⅱ-2 章修正案（2020）	2019	海安会	设计建造分委会/履约分委会	系统设备分委会
	2.9	在海事领域应用印度区域导航卫星系统（IRNSS）及制定船载印度区域导航卫星系统（IRNSS）接收器设备的性能标准	2019	海安会	航通搜分委会	
	2.10	修订《安全公约》第Ⅲ、Ⅳ章,提升全球海上遇险安全系统（GMDSS）现代化水平,包括相关的及随后对现有其他文书的修正案（2021）	2019	海安会	培训分委会/系统设备分委会	航通搜分委会

（续表）

如适用,参考战略方向	产出编号	说明	完成目标年份	上级机构	有关机构	协调机构
	2.11	制定海事服务档案（MSPs）模块和结构定义及协调的指南	2019	海安会	航通搜分委会	
	2.12	关于标准操作模式,S-模式的导则	2019	海安会		航通搜分委会
	2.13	审核综合舱底水处理系统（IBTS）导则和对国际防止油污证书及油类记录簿的修正	2019	环保会	防污分委会	
	2.14	要求船上设置专用燃油取样点的防污公约附则VI第14条修正案	2019	环保会	系统设备分委会	防污分委会
	2.15	经修订的纳入国际搜救卫星组织中轨搜救卫星和第二代示位标的406兆赫兹紧急无线电示位标性能标准[第A.810(19)号大会决议]	2018	海安会	航通搜分委会	
	2.16	统一显示经通信设备收到的导航信息的导则	2018	海安会	航通搜分委会	
	2.17	考虑制定所有类型船舶的目标型船舶建造标准	2018	海安会/环保会		
	2.18	制定船上废物气化至能源系统和相关的防污公约附则VI第16条修正案	2018	环保会	防污分委会	
	2.19	考虑修订防污底公约附件1以纳入对环丙特丁嗪进行控制的初始提案	2018	环保会	防污分委会	
战略方向3:应对气候变化	3.1	船用消耗臭氧物质的处理	年度	环保会		
	3.2	进一步制定实现限制或减少国际航运二氧化碳排放的机制	年度	环保会		
	3.3	国际航运黑炭排放对北极的影响	2019	环保会	防污分委会	
	3.4	促进有关改进船舶能源效率的技术合作和技术转让	2019	环保会		
	3.5	修订关于能效设计指数和船舶能效管理计划的导则	2019	环保会		
	3.6	防污公约附则VI第21.6条所要求的能效设计指数审核	2019	环保会		
	3.7	改进国际航运能效的进一步技术和操作措施	2019	环保会		
战略方向4:参与海洋治理	4.1	特殊区域、排放控制区和特别敏感海域的识别与保护	连续性	环保会	航通搜分委会	
	4.2	对应对可持续发展和实现可持续发展目标新出现的综合技术合作方案的投入	2019	技合会	海安会/便委会/法委会/环保会	

（续表）

如适用,参考战略方向	产出编号	说明	完成目标年份	上级机构	有关机构	协调机构
战略方向5:加强国际贸易全球便利化与安全	5.1	单一窗口理念的应用	连续性	便委会		
	5.2	关于实施和解释《安全公约》第XI-2章和《船港安保规则》的导则和指南	年度	海安会		
	5.3	审议和分析海盗和武装抢劫船舶的报告	年度	海安会		
	5.4	经修订的关于防止海盗和武装抢劫以反映新趋势和行为模式的指南	年度	海安会	法委会	
	5.5	分析并审议有关综合技术合作方案和2030年可持续发展议程包括可持续发展目标之间关联性的报告	年度	技合会		
	5.6	更新建立海运单一窗口系统的导则	2019	便委会		
	5.7	审核更新《1965年便利海上运输国际公约解释手册》	2019	便委会		
	5.8	审核修订《国际海事组织便利与电子商务概要》	2019	便委会		
	5.9	制定电子信息交换真实性、完整性和保密性指南	2019	便委会		
战略方向6:确保监管的有效性	6.1	国际海事组织安全、安保和环境相关公约规定的统一解释	连续性	海安会/环保会	履约分委会/防污分委会/货运分委会/设计建造分委会/系统设备分委会/航通搜分委会	
	6.2	全球海上遇险安全系统(GMDSS)卫星服务的发展	连续性	海安会	航通搜分委会	
	6.3	化学品安全与污染风险及准备相应的《国际散装运输危险化学品船舶构造与设备规则》(国际散化规则)修正案	连续性	环保会	防污分委会	
	6.4	从海上安全调查报告分析中吸取的教训和识别的安全问题	年度	海安会/环保会	履约分委会	
	6.5	从港口国监督数据分析中识别的有关实施国际海事组织文书的问题	年度	海安会/环保会	履约分委会	
	6.6	审议并分析关于海上获救人员和偷渡者的报告和信息	年度	海安会/便委会		
	6.7	审议并分析指出港口接收设施不足的报告	年度	环保会	履约分委会	
	6.8	全球船用燃油平均硫含量监测	年度	环保会		
	6.9	与政府间组织和已核准有咨询地位的非政府间组织开展合作的协议	2019	大会	理事会	
	6.10	审核防污公约附则Ⅱ对货物残余和高黏度洗舱水及凝固性和持久性漂浮产品有影响的要求、相关定义及修正案的准备	2019	环保会	防污分委会	
	6.11	制定减少极地水域航行船舶使用和装载重油作为燃油风险的措施	2019	环保会	防污分委会	

（续表）

如适用,参考战略方向	产出编号	说明	完成目标年份	上级机构	有关机构	协调机构
	6.12	便利《有毒有害物质议定书》生效而制定的战略以及统一解释	2019	法委会		
	6.13	电子记录簿的使用	2018	环保会	防污分委会	
战略方向 7:确保组织的有效性	7.1	经核准的关于开发、维护和促进信息系统及相关指南(全球综合航运信息系统、维基网站等)的建议	连续性	理事会	海安会/环保会/便委会/法委会/技合会	
	7.2	审议财务和人力资源管理的报告	年度	理事会		
	7.3	分析并审议关于环境方案伙伴关系安排和实施的报告	年度	技合会	环保会	
	7.4	分析并审议综合技术合作方案下的技合基金、自愿信托基金、多边－双边基金、现金捐赠和实物援助的报告	年度	技合会		
	7.5	分析并审议关于执行经核准的综合技术合作方案可持续筹资机制的报告	年度	技合会		
	7.6	针对为落实技术援助而制定的新的有成本效益举措的监测措施	年度	技合会		
	7.7	经核准的综合技术合作方案实施报告	年度	技合会		
	7.8	全面、透明、可落实的和经核准的 2018—2023 年战略框架,包括相关文件和 2020—2021 年基于成果的预算	2019	大会	理事会	
	7.9	经修订的有关工作组织和方法的相关文件	2019	理事会	海安会/便委会/法委会/技合会/环保会	
	7.10	分析并审议实施经修订的关于发展和改善技术合作伙伴关系安排的第 A.965(23)号大会决议的报告	年度	技合会		
	7.11	分析并审议 2016—2019 年综合技术合作方案影响评估活动的报告	2019	技合会		

（续表）

如适用,参考战略方向	产出编号	说明	完成目标年份	上级机构	有关机构	协调机构
其他工作	其他工作 1	《国际空海搜寻和救助手册》修正案	连续性	海安会	航通搜分委会	
	其他工作 2	《加强检验计划规则》（ESP 规则）修正案	连续性	海安会	设计建造分委会	
	其他工作 3	《国际危规》及补遗修正案	连续性	海安会	货运分委会	
	其他工作 4	船舶定线措施和强制性报告制度	连续性	海安会	航通搜分委会	
	其他工作 5	更新远距离识别与跟踪系统	连续性	海安会	航通搜分委会	
	其他工作 6	更新《全球海上遇险安全系统（GMDSS）总体规划和海事安全信息导则》	连续性	海安会	航通搜分委会	
	其他工作 7	经验证的油船和散装运输船目标型新船建造标准	连续性	海安会		
	其他工作 8	审核由综合安全评估专家小组所做的综合安全评估研究	连续性	海安会		
	其他工作 9	《国际海运散装固体货物规则》（IMSBC CODE）及补遗的修正案	连续性	海安会	货运分委会	
	其他工作 10	协调世界各地港口国监督活动和程序的措施	连续性	海安会/环保会	培训分委会/防污分委会/航通搜分委会	履约分委会
	其他工作 11	跟踪综合技术合作方案和合作伙伴关系中的南南合作	连续性	技合会		
	其他工作 12	本组织外联活动的报告	年度	理事会		
	其他工作 13	已核准的业经各委员会接受的2018—2019 年双年度新产出的建议	年度	理事会	海安会/环保会/便委会/法委会/技合会	
	其他工作 14	有关适任证书非法行为的报告	年度	海安会	培训分委会	
	其他工作 15	致海安会关于《培训公约》缔约国所通报情况的报告	年度	海安会		
	其他工作 16	经更新的《检验与发证协调系统（HSSC）检验导则》	年度	海安会/环保会	履约分委会	
	其他工作 17	审议关于应用《国际海事组织/国际劳工组织公平对待海员的联合导则》的报告以及必要时随后的进一步行动	年度	法委会		
	其他工作 18	关于《联合国海洋法公约》与本组织的职责有关事宜的建议和指导	年度	法委会		
	其他工作 19	审议船上或港口区涉及包装危险品或海洋污染物事件的报告	年度	海安会/环保会	履约分委会	货运分委会
	其他工作 20	就处理实施国际海事组织文书有关问题向委员会提供建议和指导	年度	法委会		
	其他工作 21	分析并审议关于加强海运领域区域性妇女管理者协会的报告	年度	技合会		
	其他工作 22	为支持国家综合立法和司法能力建设获取信息提供建议和指导	年度	法委会		

（续表）

如适用,参考战略方向	产出编号	说明	完成目标年份	上级机构	有关机构	协调机构
	其他工作23	与联合国就共同感兴趣的事宜开展合作并提供相关投入/指导	2019	大会	海安会/环保会/便委会/法委会/技合会	理事会
	其他工作24	与其他国际组织就共同感兴趣的事宜开展合作并提供相关投入/指导	2019	大会	海安会/环保会/便委会/法委会/技合会	理事会
	其他工作25	经核准的账目和经审核的财务报告	2019	大会	理事会	
	其他工作26	审核秘书处2018—2019年双年度风险工作	2019	理事会		
	其他工作27	安装在货船上和客船客舱阳台上的代替分区可识别探火系统的单个可识别探火系统的故障隔离要求的《国际消防安全系统规则》第9章修正案2021（2020）	2019	海安会	系统设备分委会	
	其他工作28	进一步制定关于提供海上搜救服务的"全球搜救计划"	2019	海安会	航通搜分委会	
	其他工作29	协调空海搜救程序导则,包括搜救培训事宜	2019	海安会	航通搜分委会	
	其他工作30	保护海上救起人员安全的措施	2019	海安会	履约分委会	航通搜分委会
	其他工作31	经修订的《安全公约》第Ⅱ-1/3-8章及相关导则（第MSC.1/Circ.1175号通函）和各类船舶安全系泊作业新导则	2019	海安会	培训分委会/系统设备分委会	设计建造分委会
	其他工作32	《安全公约》第Ⅱ-1/8-1条关于舷侧破损进水后客船电力供应可用性的修正案	2019	海安会	设计建造分委会	
	其他工作33	完成制定非公约船舶规则的非强制性文书	2019	海安会		
	其他工作34	船上起重设备和锚作业绞车的要求	2019	海安会	系统设备分委会	
	其他工作35	用于低温服务的高锰奥氏体钢的适用性和制定有关《国际散装运输液化气体船舶构造和设备规则》《国际气体或其他低闪点燃料动力船舶安全规则》的任何必要修正案	2019	海安会	货运分委会	
	其他工作36	审查《安全公约》第Ⅱ-2章及其相关规则,以减少新建和现有滚装客船上滚装处所和特殊处所火灾事故和后果	2019	海安会	培训分委会/设计建造分委会	系统设备分委会
	其他工作37	经修订的《安全公约》第Ⅱ-1/13和第Ⅱ-1/13-1章及其他与新船相关的规则	2019	海安会	设计建造分委会	系统设备分委会
	其他工作38	地效船导则	2019	海安会	设计建造分委会	
	其他工作39	修正第MSC.1/Circ.1315号通函	2019	海安会	系统设备分委会	
	其他工作40	极地水域营运非安全公约船舶的安全措施（2021）	2019	海安会		

（续表）

如适用,参考战略方向	产出编号	说明	完成目标年份	上级机构	有关机构	协调机构
	其他工作 41	审查《安全公约》第Ⅱ-1 章 B-2 至 B-4 部分,以确保水密完整性与 B 和 B-1 部分一致(2020)	2019	海安会	设计建造分委会	
	其他工作 42	依赖气候系固的《货物积载和系固安全操作规则》修正案	2019	海安会	货运分委会	
	其他工作 43	新的《极地水域运营船舶国际规则》产生的相关工作	2019	海安会	航通搜分委会/系统设备分委会	设计建造分委会
	其他工作 44	国际海事组织在应对不安全海上混合移民中的贡献	2019	海安会/便委会/法委会		
	其他工作 45	鉴于国际劳工组织《2006 年海事劳工公约》修正案的进展,审议被遗弃海员的财务担保和船东承担海员人身伤亡合同责任的报告	2019	法委会		
	其他工作 46	现有客船进水后对船长的电脑化稳性辅助	2018	海安会	设计建造分委会	
	其他工作 47	制定救生艇通风系统的新要求	2018	海安会	航通搜分委会	
	其他工作 48	《消防规则》甲板下通道内二氧化碳管路要求的修正案	2018	海安会	航通搜分委会	
	其他工作 49	审核授权经认可组织代表主管机关行事的协定范本	2018	海安会/环保会	履约分委会	